中国不可移动文物保护研究·贵州系列

贵州省文物保护研究中心　策划

贵州
石窟寺和摩崖造像保护研究

Research on the Conservation of Grotto Temples and Cliff Carvings in *Guizhou*

石斌　娄清　主编

同济大学出版社
TONGJI UNIVERSITY PRESS
·上海·

图书在版编目（CIP）数据

贵州石窟寺和摩崖造像保护研究/石斌，娄清主编
. -- 上海：同济大学出版社，2024.11
（中国不可移动文物保护研究.贵州系列）
ISBN 978-7-5765-1013-3

Ⅰ.①贵… Ⅱ.①石…②娄… Ⅲ.①石窟－文物保护－研究－贵州②摩崖造像－文物保护－研究－贵州
Ⅳ.①K879.294②K877.499

中国国家版本馆CIP数据核字（2023）第242837号

中国不可移动文物保护研究·贵州系列

贵州石窟寺和摩崖造像保护研究

石斌　娄清　主编

出 品 人　金英伟
策划编辑　由爱华
责任编辑　金　言
责任校对　徐春莲
装帧设计　张　微

出版发行　同济大学出版社 www.tongjipress.com.cn
　　　　　（地址：上海市四平路1239号　邮编：200092　电话：021-65985622）
经　　销　全国各地新华书店
印　　刷　上海雅昌艺术印刷有限公司
开　　本　889mm×1194mm　1/16
印　　张　15.5
字　　数　308 000
版　　次　2024年11月第1版
印　　次　2024年11月第1次印刷
书　　号　ISBN 978-7-5765-1013-3
定　　价　168.00元

本书若有印装质量问题，请向本社发行部调换　　版权所有　侵权必究

丛书编委会

主　任　董　欣

委　员　石　斌　吴小华　杨　雪　唐秀成　杨雨燃

本书编委会

主　编　石　斌　娄　清

编　委（以姓氏笔画为序）

王　月	王　煜	王彬彬	王德维	韦　玮
邓义镔	龙小萍	田茂国	田洋宇	刘多山
李　恒	李庆阳	杨　雪	杨仁炯	杨传江
杨秀东	杨雨燃	吴小华	何　欢	何　烨
余光宇	邹海波	辛加巧	陈　会	陈　圆
陈　彪	陈　聪	陈　燕	周　娟	郑远文
胡　明	胡巍巍	洪　涛	徐艳慧	高　强
唐秀成	陶永代	龚安全	梁　爽	彭　龙
董　欣	覃　琪	熊　鹰	熊玉飞	戴　犁

总序　立足田野调研，保存文物信息

贵州省文物保护研究中心（以下简称"文保中心"）长期关注贵州省域不可移动文物的田野调查及其相关研究，在完成繁重文物保护工程勘察设计和工程监理任务的基础上，长期坚持开展田野调查和研究工作。文保中心早期主要结合大型基本建设工程涉及的文物抢救保护工作开展文物调研，如乌江水系和沅江水系梯级电站建设的文物考古调查工作。2007年以后，持续参与5个年度的第三次全国不可移动文物普查工作，发现、考察和记录了大量重要文物。2011年，文保中心承担"贵州古代驿道线性文化遗产保护研究"任务后，又继续参与第七批全国重点文物保护单位"茶马古道"贵州省内遗存的现状调查及资料收集工作。2016年，为了调查、记录贵州地面不可移动文物影像资料，文保中心与安顺市文物局、贵州保利文物古建有限公司共同启动了"贵州传统建筑文化影像记忆工程"，该工程现仍在持续进行中。2018年以来，应地方政府邀请，文保中心每年都会就一镇、一乡乃至一村的文化遗产资源进行调查，先后完成德江县枫香溪镇、楠杆土家族乡和碧江区漾头镇茶园山村的调查任务。2020年以来，文保中心相继承担了贵州石窟寺和摩崖造像专项调查工作，以及贵州省长江流域文物资源调查工作。通过20多年辛勤的田野调查和资料整理，文保中心积累了大量不可移动文物资料，将这些调查资料整理刊布，不仅能够向社会展现贵州地面不可移动文物的主要概况，而且可以为文物保护和相关研究提供翔实的一手资料。正是基于这种考虑，2021年，在中国共产党成立100周年之际，文保中心决定对历次田野调查所获大量资料进行系统整理和科学总结，将相关成果编辑出版为"中国不可移动文物保护研究·贵州系列"丛书。

本系列丛书第一期计划出版5分册，包括《贵州省长江流域文物资源保护研究》《贵州石窟寺和摩崖造像保护研究》《贵州传统村落文化遗址保护与发展研究：铜仁遗珍》《三门塘刘氏宗祠保护研究》《黔路纪行：一个文物保护工作者的田野调查笔记》。这5分册基本反映了文保中心自成立以来，20多年5个发展阶段中调查记录贵州省不可移动文物的工作历程，也是文保中心在这个领域工作和研究成果的集中体现。

《贵州省长江流域文物资源保护研究》以第三次全国文物普查结果为基础，以长江经济带国家战略发展区域为调查范围，在田野调查基础上，全面总结贵州省长江流域相关文物资源的分布、保存、利用情况，该书通过对贵州省长江流域分布区域内极具代表性的史前文化、独具特色的洞穴文化、别具一格的山地建筑文化、辉煌百年的红色文化等贵州省长江文化中特色文物资源的梳理和研究，系统提炼长江文化的核心价值，明确贵州省在长江文化中的地位和特色，形成科学全面的研究体系，阐明其对长江文化的支撑和承载作用。

《贵州石窟寺和摩崖造像保护研究》全面记录了贵州现存的25处石窟寺和摩崖造像分布状况，阐述了石窟寺和摩崖造像地理位置、地质状况、历史沿革、石窟（造像）概况。同时，对石窟寺和摩崖造像外观特征、内部细节、所面临的风险以及可能导致损害的因素进行了深入分析。该书细致梳理了其保护管理和安全防范状况，汇总与分析了调查数据，揭示了保护工作的发展态势，探讨了调查成果与文物保护事业、经济社会发展之间的相互关系。基于这些分析，进一步提出了一系列具有针对性的保护规划建议，希望这些建议能够引起相关领域的关注和讨论，从而推动实际的保护工作。

《贵州传统村落文化遗址保护与发展研究：铜仁遗珍》是文保中心对铜仁市德江县枫香溪镇、楠杆土家族乡，碧江区漾头镇茶园山村三地开展文化遗产调查的工作成果梳理。通过对三地的不可移动文物与遗存现状、非物质文化遗产形态、特色产业发展路径及自然资源作详尽记录、访谈、采样，文保中心获海量第一手图文资料，经资料整理、考辨、分类、溯源、评析等，形成该书主体内容。在此基础上，该书亦对照当地文化遗产保护现实发展需要，为不可移动文物本体保护、修缮及展示利用，传统村落文化遗产保护与利用等，提供切实可行的文化遗产活化利用实施策略，并为构建多方协调、多层联动的文化遗产保护管理系统，形成示范带动、整体连贯的村落文化遗产展示利用体系，全面提升区域性文物本体保存水准，带来具有指导意义的参考文本。

《三门塘刘氏宗祠保护研究》以刘氏宗祠建筑为研究对象，从其赋存的自然环境条件、村落缘起、建筑群的形成、宗祠的建成等进行溯源分析梳理，厘清宗祠建成的历史背景。通过对建筑的选址理念、空间布局、形制样式、结构方式、装饰手法、艺术风格、文化内涵、使用功能、外形变化、载体价值等方面的剖析性研究，解析刘氏宗祠的建筑历史文化内涵和建筑价值。通过对建筑保存状况、修缮方案制定、工程实施过程、工程后效果等描述，展现宗祠保护工作的开展过程，分享保护成果。

《黔路纪行：一个文物保护工作者的田野调查笔记》是一个在贵州从事文物保护工作40年的从业者近5年的田野调查笔记，收录的主要是作者自2017—2022年参与贵州"茶马古道""龙场九驿""丝绸之路"南亚廊道的古代西部出海通道部分，以及长江流域文物资源等专项调查工作的内容。内容涉及文献研究、实地调查、碑文识读和考证，是作者在行走贵州各地进行田野调查的基础上，对贵州文化遗产资源的所见所闻及相关历史信息的真实记录。

本系列丛书对历次田野调查所获大量资料进行科学概括，综合反映文保中心田野调查工作的学术研究成果和新发现，不仅是文物保护、管理和研究的一项重要基础工作，也是文保中心专业技术人员与基层文物保护工作者通力协作的科学研究成果。本系列丛书的出版将为科学研究工作者提供重要的第一手材料，为政府部门进行文物保护、管理和研究的长远战略决策与政策法规制定提供有益参考，为贵州省国民经济建设部门规划、选址和设计提供可靠依据，以尽可能避免在生产过程中造成对文物的破坏。

期待本系列丛书能够得到读者广泛认可，也希望文保中心今后能继续立足田野调查，持续进行贵州省不可移动文物研究的深入探索，挖掘更多珍贵且详尽的文物信息，编写出版更多专题鲜明、内容丰富的不可移动文物研究专著，进一步推动文化遗产保护研究事业的发展。

是为序。

北京大学考古文博学院教授
泉州文化遗产研究院长
三星堆研究院学术院长
2024年10月5日

前言

为贯彻落实习近平总书记到敦煌莫高窟、云冈石窟考察调研所作出的关于石窟寺的重要指示批示精神，以及国务院加强石窟寺遗址保护利用工作专题会议要求，2020年8月1—4日，国家文物局调研川渝石窟保护利用情况并召开座谈会，提出各级政府和文物部门要深刻认识石窟寺保护的重大意义，树立保护文物也是政绩的科学理念。要加强规划指引，分级分类开展抢救保护工作，加强安防能力建设，全面落实安全责任；要重视基层保护管理机构和人才队伍建设；要组织开展石窟寺考古调查和数字化保护，加强保护技术多学科联合攻关；要落实石窟寺保护利用项目政府采购制度，推进设计施工一体化；要核定公布游客承载量，提升讲解服务质量，走出一条具有示范意义的石窟寺保护利用之路。

2020年9月10日，贵州省文化和旅游厅印发《关于开展贵州石窟寺资源暨丝绸之路南亚廊道贵州段调查的通知》（黔文旅函〔2020〕187号）。作为调查第一责任单位，贵州省文物保护研究中心第一时间协助编制调查方案和工作计划，并按计划于2020年10月19日与北京建筑大学所属"北京北建欣源古代建筑科技有限公司"合作，正式启动调查工作。

2020年10月14日，《国家文物局办公室关于开展全国石窟寺专项调查工作的通知》（办保函〔2020〕889号）明确专项调查标准时点为2020年9月30日。调查组在调查进程中，及时将工作目标对标"通知"精神，确保通过调查，全面掌握贵州石窟寺的基本情况、保护现状和存在的问题。

2020年10月23日，《国务院办公厅关于加强石窟寺保护利用工作的指导意见》（国办发〔2020〕41号）明确提出保护工作的指导思想、目标和任务。

2020年10月以来，贵州省文化和旅游厅、贵州省文物局组织贵州省文物保护研究中心按照国务院、国家文物局的要求，在中国文化遗产研究院的指导下，进一步深化调查工作方案，最终如期完成本次石窟寺（含摩崖造像）专项调查任务。

为满足"石窟寺（含摩崖造像）专项调查报告"编制工作所需，调查组积极协调合作单位，在北京建筑大学测绘与城市空间信息学院的倾力支持下，于2022年11月16—20日对贵州省习水县和赤水市石窟寺（含摩崖造像）类的省级文物保护单位及其附近的不可移动文物点，尝试进行信息化测绘工作，为后期开展中小石窟寺（含摩崖造像）的抢救性保护、数字资源管理和共享共用、提升综合展示水平奠定基础。

此次石窟寺（含摩崖造像）实地调查工作，主要依据1128处贵州省第三次全国文物普查石窟寺及石刻类调查登记数据，经过逐一比对，筛选出明确和存疑的共计30处不可移动文物，并结合30处石窟寺和摩崖造像的地理分布和区域气候特点制订实地调查工作计划，以确保专项调查任务的顺利启动。

2021年1月25日，贵州省行政区域内已知石窟寺（含摩崖造像）保护现状实地调查工作全面结束，进入数据信息登录工作阶段。

经过实地调查，贵州已知石窟寺（含摩崖造像）尚存23处，新发现2处，共计25处，其中石窟寺2处、摩崖造像23处。25处石窟寺（含摩崖造像），分布在遵义市正安县、遵义市凤冈县、遵义市习水县、遵义市赤水市、遵义市新蒲新区、毕节市金沙县、铜仁市石阡县、黔西南布依族苗族自治州兴义市、黔西南布依族苗族自治州普安县、黔西南布依族苗族自治州晴隆县、黔西南布依族苗族自治州贞丰县、黔西南布依族苗族自治州册亨县、黔东南苗族侗族自治州施秉县、黔东南苗族侗族自治州天柱县、黔南布依族苗族自治州瓮安县、黔南布依族苗族自治州长顺县、黔南布依族苗族自治州惠水县共6个市州的17个县（市、区）。

调查组按时完成贵州省25处"石窟寺（含摩崖造像）专项调查报告"和"贵州省石窟寺（含摩崖造像）专项调查工作报告"的撰写任务，并如期通过国务院普查办审核。《贵州石窟寺和摩崖造像保护研究》就是在上述调查工作成果基础上形成的。

本书全面记录了贵州现存的25处石窟寺（含摩崖造像）分布状况，阐述了石窟寺（含摩崖造像）地理位置、地质状况、历史沿革、石窟（造像）概况。同时，对石窟寺（含摩崖造像）外观特征、内部细节、所面临的风险以及可能导致损害的因素进行了深入分析。这种分析建立在综合考察和科学研究的基础上，旨在为石窟寺（含摩崖造像）的保护和管理提供全面的信息。同时，细致梳理了其保护管理和安全防范状况，期望能够为未来相关工作的开展与改进提供参考。此外，本书汇总与分析了调查数据，揭示了保护工作的发展态势，探讨了调查成果与文物保护事业、经济社会发展之间的相互关系。基于这些分析，进一步提出了一系列具有针对性的保护规划建议，希望这些建议能够引起相关领域的关注和讨论，从而推动实际的保护工作。值得一提的是，为了确保研究的完整性和实用价值，本书还收录了专项调查工作概况与调研实录。读者可以通过这些第一手的调查记录，更加直观地了解石窟寺（含摩崖造像）保护工作的实际情况。

期望本书能够成为发展保护文物科学理念、加强规划指引、分级分类开展抢救保护工作的指导性文献，为石窟寺（含摩崖造像）调查和数字化保护工作及多学科保护技术的探索提供基础数据，在我国石窟寺的保护利用方面发挥重要的参考和示范作用。

我们坚信，文化遗产的保护是一项崇高而艰巨的任务，需要我们每一个人的努力和智慧。希望本书能启发读者对文化遗产保护的认识，为传承我们的历史文化贡献一份力量。

目录

总序	005
前言	007

第一章　贵州现存石窟寺和摩崖造像 011
　　一、贵州石窟寺和摩崖造像分布　012
　　二、贵州石窟寺和摩崖造像名录　012

第二章　石窟寺 015
　　一、赤水三会水石窟寺　016
　　二、习水望仙台石窟 [袁锦道墓（祠）]　027

第三章　摩崖造像 045
　　一、新舟凉风洞摩崖造像　046
　　二、正安龙塘沟摩崖造像　051
　　三、凤冈太极洞摩崖造像　058
　　四、赤水石鹅咀摩崖造像　066
　　五、赤水红布岩摩崖造像　074
　　六、赤水陛诏观音岩摩崖造像　080
　　七、赤水葫市摩崖造像　085
　　八、赤水金沙摩崖造像　094
　　九、赤水半壁寺摩崖造像　100
　　十、赤水茶土坪观音堂摩崖造像　106
　　十一、金沙岩孔观音洞摩崖佛像　113
　　十二、金沙石场大宝洞壁画　118
　　十三、石阡华峰寺摩崖造像　123
　　十四、兴义菩萨洞岩溶造像　128
　　十五、普安观音洞摩崖造像　134
　　十六、晴隆盘江桥石刻群　140
　　十七、贞丰花江摩崖石刻群　147
　　十八、册亨观音岩摩崖造像　155
　　十九、施秉华严洞摩崖造像　161
　　二十、天柱金凤山摩崖造像　167

	二十一、瓮安来子洞摩崖造像	173
	二十二、长顺观音洞摩崖造像	178
	二十三、惠水九龙山摩崖造像	184

第四章　石窟寺调查数据汇总　191
　　一、石窟寺专项调查报告　192
　　二、石窟寺专项调查资料　194

第五章　石窟寺调查数据分析　201
　　一、石窟寺专项调查中的石窟寺保护工作发展态势　202
　　二、石窟寺专项调查成果与文物保护事业发展的关系　204
　　三、石窟寺专项调查成果与国家经济社会发展的关系　205

第六章　政策和保护工作规划建议　207
　　一、石窟寺专项调查工作建议　208
　　二、石窟寺保护工作建议　209
　　三、石窟寺文物保护人才队伍建设建议　210

附录　211

附录一　专项调查工作概况　211
附录二　调研实录　217

参考文献　243
后记　245

第一章

贵州现存石窟寺和摩崖造像

一、贵州石窟寺和摩崖造像分布

通过石窟寺专项调查发现，贵州省现存石窟寺和摩崖造像遗存总量共计25处，其中，石窟寺类2处，摩崖造像类23处。

审图号：黔S（2024）022号

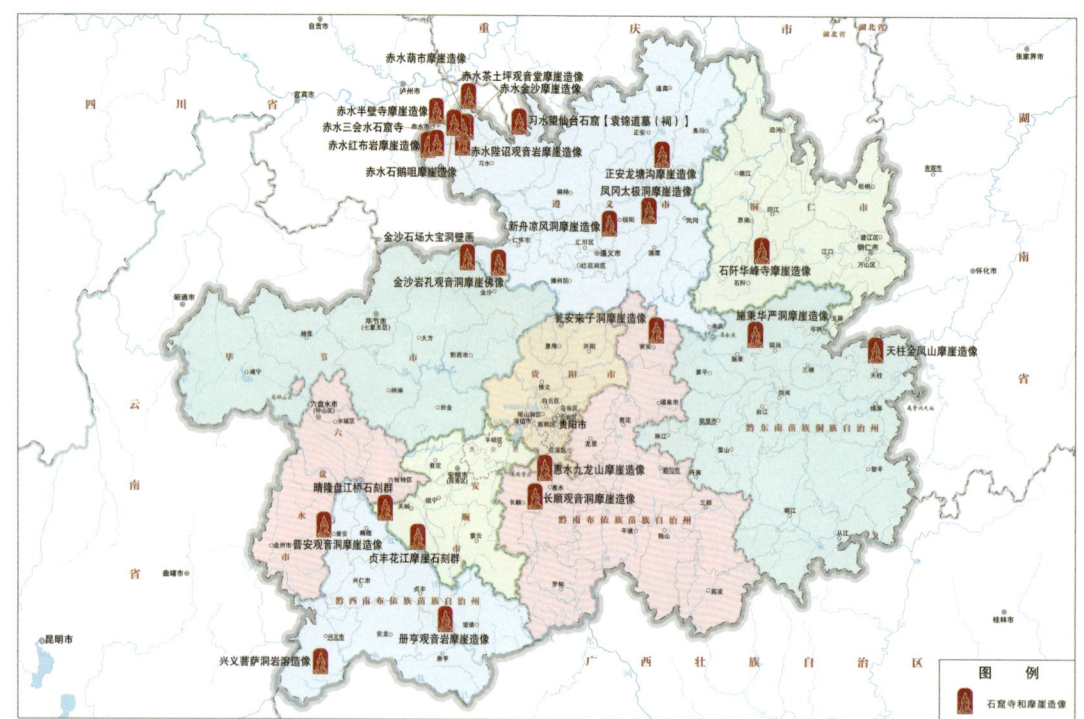

贵州省石窟寺和摩崖造像分布图

二、贵州石窟寺和摩崖造像名录

通过石窟寺专项调查，整理核定贵州石窟寺和摩崖造像名录如下。

贵州石窟寺和摩崖造像名录

序号	名称	年代	类别	地址	保护级别	编码
1	新舟凉风洞摩崖造像	1928年	摩崖造像	贵州省遵义市播州区新舟镇绿塘村青年组（今属新蒲新区）	未核定	520321-0471
2	正安龙塘沟摩崖造像	清代	摩崖造像	贵州省遵义市正安县流渡镇新桥村南斯组白石背龙塘沟	市县级	520324-0078
3	凤冈太极洞摩崖造像	清代、民国	摩崖造像	贵州省遵义市凤冈县何坝街道水河村	市县级	520327-0158
4	习水望仙台石窟[袁锦道墓（祠）]	清代	石窟寺	贵州省遵义市习水县三岔河镇三岔村望仙台	省级	520330-0033

续表

序号	名称	年代	类别	地址	保护级别	编码
5	赤水石鹅咀摩崖造像	清代	摩崖造像	贵州省遵义市赤水市旺隆镇石鹅村西北1千米处	省级	520381-0058
6	赤水红布岩摩崖造像	1918年	摩崖造像	贵州省遵义市赤水市宝源乡宝源村二组	未核定	520381-0026
7	赤水陛诏观音岩摩崖造像	清代	摩崖造像	贵州省遵义市赤水市元厚镇陛诏村北150米处	未核定	520381-0140
8	赤水葫市摩崖造像	清代	摩崖造像	贵州省遵义市赤水市葫市镇葫市村	省级	520381-0029
9	赤水金沙摩崖造像	清代	摩崖造像	贵州省遵义市赤水市葫市镇金沙村	未核定	520381-0149
10	赤水三会水石窟寺	清代	石窟寺	贵州省遵义市赤水市两河口镇大坝村	省级	520381-0050
11	赤水半壁寺摩崖造像	清代	摩崖造像	贵州省遵义市赤水市市中街道办事处滨江社区	未核定	520381-0184
12	赤水茶土坪观音堂摩崖造像	清代	摩崖造像	贵州省遵义市赤水市长沙镇山戈桩村西观音岩	本次新发现,未核定	520381-9001
13	金沙岩孔观音洞摩崖佛像	清代	摩崖造像	贵州省毕节市金沙县岩孔街道云岩社区岩孔派出所南	市县级	522424-0148
14	金沙石场大宝洞壁画	清代	摩崖造像	贵州省毕节市金沙县石场苗族彝族乡文兴村大宝洞组	市县级	522424-0092
15	石阡华峰寺摩崖造像	明代	摩崖造像	贵州省铜仁市石阡县坪地场乡汪河村老屋基村民组	未核定	522224-0113
16	兴义菩萨洞岩溶造像	清代、民国	摩崖造像	贵州省黔西南布依族苗族自治州兴义市泥凼镇泥凼社区沈家坡组菩萨洞	市县级	522301-0165
17	普安观音洞摩崖造像	清代	摩崖造像	贵州省黔西南布依族苗族自治州普安县南湖街道十里村	市县级	522323-0053
18	晴隆盘江桥石刻群	明代、清代、民国	摩崖造像	贵州省黔西南布依族苗族自治州晴隆县光照镇东方红村半坡塘组北盘江江畔	国家级	522324-0032
19	贞丰花江摩崖石刻群	清代	摩崖造像	贵州省黔西南布依族苗族自治州贞丰县平街乡小花江村北盘江右岸	国家级	522325-0015
20	册亨观音岩摩崖造像	清代	摩崖造像	贵州省黔西南布依族苗族自治州册亨县坡妹镇秧亚村海尾组观音岩	市县级	522327-0045
21	施秉华严洞摩崖造像	明代、清代	摩崖造像	贵州省黔东南苗族侗族自治州施秉县甘溪乡甘溪村凉风坳脚	省级	522623-0002
22	天柱金凤山摩崖造像	明代	摩崖造像	贵州省黔东南苗族侗族自治州天柱县凤城街道	本次新发现,未核定	522627-9003
23	瓮安来子洞摩崖造像	清代	摩崖造像	贵州省黔南布依族苗族自治州瓮安县瓮水街道金龙社区	市县级	522725-0089
24	长顺观音洞摩崖造像	清代	摩崖造像	贵州省黔南布依族苗族自治州长顺县长寨街道长坡村魏家坡组	未核定	522729-0107
25	惠水九龙山摩崖造像	清代	摩崖造像	贵州省黔南布依族苗族自治州惠水县大龙乡九龙村马门寨	市县级	522731-0041

第二章

石窟寺

一、赤水三会水石窟寺

（一）基本情况

1. 地理位置

行政区域：贵州省遵义市赤水市两河口镇。

地理方位：位于两河口镇两河口社区枫溪河与西门河（金鱼溪、盘龙沟）交汇于东南侧山崖上"老虎嘴"中，坐东南向西北，朝向310°。

地理坐标：北纬28°23′01.3″，东经105°44′45.8″。

海拔高度：598米。

2. 地质状况

会水寺石窟地处属上白垩统嘉定群近水平红砂岩的额状崖洞中，距西门河水面相对高差96米，属于凹片状风化剥落形成的丹霞地貌。

石窟所在地面温度，年均最高20.7℃，最低19.4℃。雨量充沛，多年平均降水量1214.9毫米。空气相对湿度年均90%左右。多年平均日照1297.7小时。

风向风速方面，常年主导风向为北风，夏季为南风，冬季为北风。最大风速27米/秒，风力10级；平均风速1.5米/秒。历年定时最大风速8~14米/秒，大于等于8级或大于等于17米/秒大风常发生在3月至9月，七八月最多，平均每年3.1日。

灾害性天气主要有旱灾、水灾、风灾、雹灾、雷击等，尤以旱灾最为严重，每十年中有七八年受旱。

3. 历史沿革

年代：清代。

据《光绪增修仁怀厅志·卷二·乡镇志》记载："会水寺，乾隆初年，陈洪道舍建。"4方"连山碑"的摩崖石刻镌刻记录，同治□（按：□表示字迹不清或不识的字，后同）年曾为佛像装彩，同治十一年（1872）傍窟修建窟檐，光绪二十九年（1903）增建香台。

4. 洞窟概况

共1窟8龛9尊造像，包括门外东侧山体岩石处"土地祠"造像1龛，窟内7龛8尊造像：毗卢遮那佛、阿弥陀佛、释迦牟尼佛、文殊菩萨、普贤菩萨、自在观音、目连和达摩造

赤水三会水石窟寺赋存崖体及环境

窟内7龛8尊造像

像。另有1尊华山圣母造像因崩岩被毁。有同治□年1方、同治十一年（1872）2方、光绪二十九年（1903）1方，共4方俗称"连山碑"的摩崖石刻。

窟前原有寺庙建筑早年已毁。2002年，香客将其改建为钢筋混凝土悬挑楼面，西侧用红砂石质料石封护，占地面积24平方米许。

（二）外观

1. 总体布局

赤水三会水石窟寺开凿于两河口社区枫溪河与西门河（金鱼溪、盘龙沟）交汇于东南侧山崖上"老虎嘴"中，沿额状崖洞内壁横向分布，石窟残长6.5米、高5.4米。窟东侧"土地祠"造像1龛，窟内崖壁上凿佛龛，佛龛分3层，顶层2龛，中间1层4龛，底层1龛偏于东侧，佛龛下部砌筑有红砂石质香台。

2. 窟外崖面、各洞窟之间的相互关系

独立洞窟，在山崖上"老虎嘴"中，窟外下部为崩塌形成的崖面，上部为向外凸出的岩体，左右两侧是随山崖自然发展的岩体。

3. 窟前建筑、窟檐遗迹和寺院遗址

会水寺寺庙建筑已毁，原窟檐遗迹不存。2002年，香客将其改建为钢筋混凝土悬挑楼面，西侧用红砂石质料石封护，占地面积24平方米许。

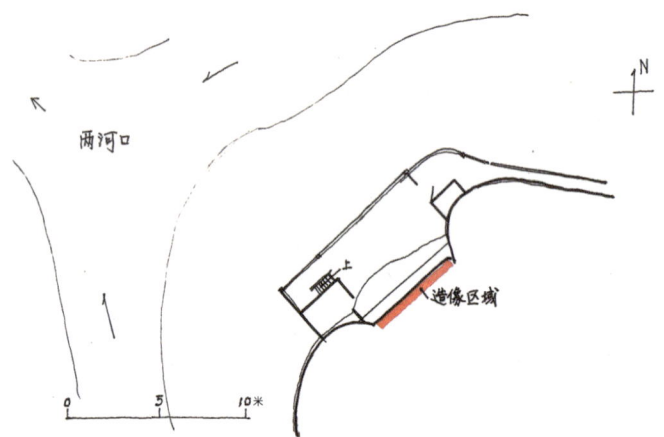

三会水石窟寺总平面图

钢筋混凝土悬挑楼面

后建防护窟檐

(三)内容

1. 洞窟形制

洞窟利用额状崖洞内风化岩槽摩崖成壁,并于壁上开凿佛龛,龛内造像。3层佛龛形制各异,顶层2龛为圆形,直径0.6米,自东向西分别编号为①、②号龛;中间1层4龛为莲瓣(宝珠)形,宽1米,高1.2米,自东向西分别编号为③、④、⑤、⑥号龛;底层1龛为横长方形(上部两角为圆弧形),宽1.2米、高0.95米,编号为⑦号龛。

三会水石窟洞窟形制图

2. 窟内造像彩塑及壁画等

①号龛毗卢遮那佛和②号龛阿弥陀佛造像

①号龛

圆形龛，内凿毗卢遮那佛像。开凿于清乾隆年间。为高浮雕坐像，面容圆润，头顶有宝珠形高发髻。双手毗卢印，二拳收胸前，左拳入右拳内把之。龛后壁雕圆形头光，头光旁饰火焰纹。高浮雕坐塌布纹悬垂于龛外，左右饰如意祥云纹。

②号龛

圆形龛，内凿阿弥陀佛像。开凿于清乾隆年间。为高浮雕坐像，面容圆润，头顶有宝珠形高发髻。双手弥陀定印，两手相叠，右手置于左手上，掌心向上，两手屈食指，拇指按在食指上。龛后壁雕圆形头光，头光旁饰火焰纹。高浮雕坐塌布纹悬垂于龛外，左右饰如意祥云纹。

毗卢遮那佛图

阿弥陀佛图

③号龛

立莲瓣形龛，内凿普贤菩萨像。开凿于清乾隆年间。为高浮雕坐像，跣足。面容圆润，头顶戴冠。双手左下右上，托扶经卷。龛后壁雕圆形头光。高浮雕坐塌布纹悬垂于龛外。

普贤菩萨造像

普贤菩萨图

④号龛

立莲瓣形龛，内凿释迦牟尼佛像。开凿于清乾隆年间。在①号龛正下方。为高浮雕坐像。面容圆润，头顶有宝珠形高发髻。双手禅定印，以双手仰放下腹前，右手置于左手上。龛后壁雕圆形头光，头光旁饰如意火焰纹。高浮雕坐塌布纹悬垂于龛外。

释迦牟尼佛造像　　　　　　　　　　释迦牟尼佛图

⑤号龛

立莲瓣形龛，内凿文殊菩萨像。开凿于清乾隆年间，后造像毁损，现为后人补塑。为高浮雕坐像。头顶戴冠。双手左下右上叠放。龛后壁雕圆形头光。高浮雕坐塌布纹悬垂于龛外。

文殊菩萨造像　　　　　　　　　　文殊菩萨图

⑥号龛

立莲瓣形龛，内凿自在观音像。开凿于清乾隆年间，后造像毁损，现为后人补塑。为高浮雕坐像，跣足。头顶戴冠。左腿盘坐，右腿抬起，左手托净瓶，右手搭膝上。龛后壁雕圆形头光。高浮雕坐塌布纹悬垂于龛外。

自在观音造像

自在观音图

⑦号龛

圆角长方形龛，长 1.2 米、高 0.95 米。目连和达摩造像 2 尊。达摩居左，目连在右，均为坐像。开凿于清乾隆年间。达摩圆眼短髭，头顶方巾。目连身着袈裟，手托念珠。达摩、目连身后均雕圆形头光。高浮雕坐塌布纹悬垂于龛外。

目连和达摩造像

目连和达摩图

土地祠龛

为土地祠造像龛，拱形龛，内凿土地公像，上方崖壁镌刻有"土地祠"、两侧镌刻"显威灵护佑；保众姓平安"匾对1副，未见开凿时间。

3. 题记、碑刻铭文及其他附属文物

摩崖造像间镌刻有同治□年1方、同治十一年（1872）2方、光绪二十九年（1903）1方，共4方俗称"连山碑"的摩崖石刻，分布在③号龛和④号龛下部，⑦号龛东西两侧及⑥号龛西侧，如④号龛下部，有阴刻"会水寺"3字。因后期改造窟檐和增设塑像，致使其中3方遭到不同程度的损毁。其中同治十一年（1872）石刻文字释读如下。

土地祠造像

立白捨山，土人梁汉章、子山和。兹因善士周君与诸善君等募从乐助，创修殿庭，□殿之日，清算善金，分文无有余。父子商议，将分受之业牯牛石山土跅一幅舍于满殿罗、四王、佛祖莲台下，以作香灯起本之资。载粮一毫，其粮在梁如茂户内拨出输纳，其□上齐大岩仑脚，下至大岩仑口，左跟小塝上，

"连山碑"摩崖石刻

右跟小沟下，四介分明，无有夹插。自舍之后，一舍永舍，无有悔意，心口无凭，刻碑志之，永垂不朽矣。大清同治十一年天运壬申十月初十日立。

（四）主要风险及成因分析

1. 洞窟岩体结构失稳

由崩塌作用形成的丹崖赤壁是丹霞地貌最重要的特征。其成因主要是岩体临空减压，在临空岩体内常产生与临空面走向相一致的近垂直节理，连同岩层的原生节理、裂缝在一起，当岩壁麓部受水流侵蚀淘空后凹进，或有洞穴发育，使其上部的岩体悬空，悬空的岩体在节理面上的黏结力小于岩体的重量时，就会沿节理面发生崩塌，使岩壁后退，形成丹崖赤壁，因此，石窟存在洞窟岩体结构失稳的隐患。

2. 岩体表层风化

受自然环境影响，存在岩体表层风化问题及隐患，主要为粉末状风化，已造成碑刻铭文等文字因风化严重而漫漶难识。

3. 水害

未发现严重的水害问题。赤水三会水石窟寺搭建有木结构窟檐，较好地保护了摩崖造像不受雨水、裂隙渗水侵蚀。

4. 生物病害

未发现严重的生物病害及隐患。

5. 自然灾害

未发现严重的自然灾害。

6. 其他风险

因周边居民在石窟寺内开展祭祀活动，导致摩崖造像岩壁表面及摩崖造像像身存在烟熏痕迹。

（五）保护管理状况

1. 保护级别和公布时间

保护级别：省级文物保护单位。
公布时间：1985年11月2日。

2. 保护范围和建设控制地带

保护范围面积：452.16平方米。
建设控制地带面积：6782.4平方米。
保护范围：从文物主体中心起，东12米入明光村村有林地，南11米、西12米入联合村村有山林，北11米入林区。
建设控制地带：从保护范围界起，东32米伸入明光村村有林，南32米抵老虎嘴，西

40米抵风溪河西岸，北32米抵盘龙河北岸。

3. 保护管理机构设置

保护管理机构：两河口镇科技宣传服务中心。
上级管理单位：赤水市文化体育旅游局。

4. 保护管理机构的人员、编制和主要专业人员

人员总数2人，编制总数3人。本科学历1人，本科以下学历1人。专业技术人员（初级职称）1人。

5. 文物保护规划和已开展的文物本体保护工作

尚未编制文物保护规划。利用"赤水市河谷公路保护项目"对文物环境进行了保护。

6. 开放情况和主要服务设施

对外开放，预约参观。无用于文物保护、展示和游客服务的管理服务设施。

（六）安全防范状况

1. 安全保卫机构设置和人员情况

无安全保卫机构，但有文物保护员。

2. 安防、消防和防雷系统的建设、安装与运行情况

安防系统建设情况：已建设视频安防监控系统，能正常运行和使用。
消防系统建设情况：未建设。
消防救援：未建设。
防雷系统建设情况：未建设。

3. 21世纪以来发生的安全事故、石雕造像被盗案件情况

因两河口镇人民政府组织开展定期或不定期文物安全巡查，未发生上述情况。

（七）小结

赤水三会水石窟寺保存一般，始建于清乾隆年间，有圆形龛、立莲瓣形龛和圆角矩形龛，为佛教石窟，但在窟东侧却有道教的土地祠1龛和已毁的华山圣母造像；此外，窟内崖壁上还镌刻有4方俗称"连山碑"的摩崖石刻。佛教造像含3佛3菩萨2护法，技艺娴熟、雕刻精湛。三会水石窟寺是大乘佛教由中原经川渝向黔北传播的见证，丰富了贵州的佛教文化，展示了清中期今黔北地区的匠作技艺。

会水寺石窟地处属上白垩统嘉定群近水平红砂岩的额状崖洞中，存在洞窟岩体结构失稳的隐患。造像区为红砂岩，质地疏软，易于风化，已造成碑刻铭文等文字因风化严重而漫漶难识。龛窟形制完整，其中文殊菩萨和观音菩萨原造像被损毁，现为后人补塑，技艺不够娴熟，华山圣母造像被毁不存。三会水石窟寺搭建有木结构窟檐，较好地保护了摩崖造像不受雨水、裂隙渗水侵蚀，但周边居民在寺内开展祭祀活动，导致摩崖造像岩壁表面及摩崖造像像身存在烟熏痕迹。

按照"四有"工作要求（按：文物保护单位"四有"工作的具体内容包括划定保护范围、作出标志说明、建立记录档案、设置专门机构或专人负责管理，后同），安置了保护标志，虽无专职安全保卫机构，但有文物保护员，且由两河口镇人民政府组织开展定期或不定期文物安全巡查，已建设视频安防监控系统，确保文物安全。

赤水市的石窟寺和摩崖造像总量在贵州省居首，目前存在的突出问题是严重缺乏具有石质文物保护和研究的专业技术人员。"十四五"期间的主要工作任务是在完成数字测绘的基础上完善石窟寺和摩崖造像电子档案，力争启动石质文物防风化保护工程项目。

二、习水望仙台石窟 [袁锦道墓（祠）]

（一）基本情况

1. 地理位置

行政区域：贵州省遵义市习水县三岔河镇。
地理方位：位于三岔河镇三岔村三岔河河湾围椅形山崖北侧，坐南向北。
地理坐标：北纬 28°33′43.0″，东经 106°24′01.0″。
海拔高度：1229.7 米。

2. 地质状况

习水望仙台石窟位于习水国家森林公园和国家级自然保护区内，三岔河河湾围椅形山崖南侧，沿额状崖洞内壁横向分布，东西长约 30 米，占地面积近 300 平方米。地处川黔南北构造带与北东向构造带交接的复合部位，属大娄山北坡与四川盆地南缘的过渡地带。区内出露岩层主要为红砂岩，以超深切割的嶂谷及剧烈的崩塌地貌形态为主要特征，崩塌岩块遍及山麓斜坡，围椅形悬谷、红岩柱、崩塌林等特殊的地貌极为醒目，它们与常绿阔叶林构成了绿树红岩、峡谷林深的独特的红层地貌森林景观。

属亚热带湿润季风性气候。冬无严寒，夏无酷暑，无霜期长，降水充沛，云、雾、雨日多，是贵州乃至全国太阳辐射最低值区之一。年降水量 900～1300 毫米。无霜期 240～250 天，年均相对湿度 82%～91%。

石窟鸟瞰

石窟东北面远眺

石窟远眺

3. 历史沿革

年代：清代。

据其中的碑刻铭文介绍，石窟开凿于清嘉庆十年（1805），嘉庆十五年（1810）告竣。同治五年（1866），在东窟前连廊栏杆外侧建字库塔1座。光绪二十年（1894）袁氏后裔募化培修。

袁锦道一生做了三件大事，兴办实业、修筑大道、开凿石窟。袁锦道选择兴办实业之地就在川黔接壤、有九沟十八岔、面积数10平方千米的"三岔河"。从生产扁担、香扦、筷子、土碗、木瓢、扇子、算盘、砂锅、砂罐等普通百姓常用的生产工具和生活用品的作坊开始，逐步办起铜厂、铁厂、铧厂、银具厂、锅厂、铸币厂等46间工厂。为图"事事发"或"世世发"的吉利，又办了1间纸厂和1间香菌厂，共48间。随着产业发展，为便于货物贸易，改善交通，袁锦道又开始了大规模的筑路工程。随着筑路工程渐趋完成，嘉庆十年（1805），年近七旬的袁锦道开始开凿望仙台石窟寺。

4. 洞窟概况

习水望仙台石窟共两窟，祠寺合一，人神佛共塑。洞窟利用额状崖洞内风化岩槽造像，东西两窟紧邻。东窟"望仙台"寺，洞窟较深，主龛位于中部，龛内造像3尊，上方窟顶镌

石窟依弧形山崖而建

刻"真如密谛"4字，两侧镌刻对联1副。佛龛西侧岩体上另凿1龛，造像4尊。龛下部以石砌祭台相连，长12米，台上安置供奉光绪二十年（1894）培修后供奉的圆雕神像48尊，其中木雕2尊；同治五年（1866）字库塔1座。西窟袁锦道祠，洞窟较浅，在开凿的"征侍郎坊"内，有造像4尊，有男女站立雕像2尊；窟外西面路边有雕像4尊，窟外西面崖壁上方有摩崖造像1尊。窟前建窟檐，形成连廊，建筑面积约300平方米。

东窟"望仙台"寺

西窟袁锦道祠

（二）外观

1. 总体布局

位于三岔河河湾围椅形山崖南侧，沿额状崖洞内壁横向分布，东西长约30米，占地面积近300平方米。石窟分为东西两窟，两窟紧邻。东窟"望仙台"寺，洞窟较深，主龛位于中部，龛内造像3尊，上方窟顶镌刻"真如密谛"4字，两侧镌刻对联1副。佛龛西侧岩体上另凿1龛，造像4尊。龛下部以石砌祭台相连，长12米，台上安置光绪二十年（1894）培修后供奉的圆雕神像48尊，其中木雕2尊；连廊栏杆外侧同治五年（1866）字库塔1座。西窟袁锦道祠，洞窟较浅，在开凿的"征侍郎坊"内，有造像4尊，有男女站立雕像2尊，女像双丫髻手捧石盆，男像头戴冠帽，右手抱算盘，左手拿石器；窟外西面路边有雕像4尊，窟外西面崖壁上方有摩崖造像1尊。

窟前建窟檐，形成连廊，平面布局依围椅形山崖呈弧形。

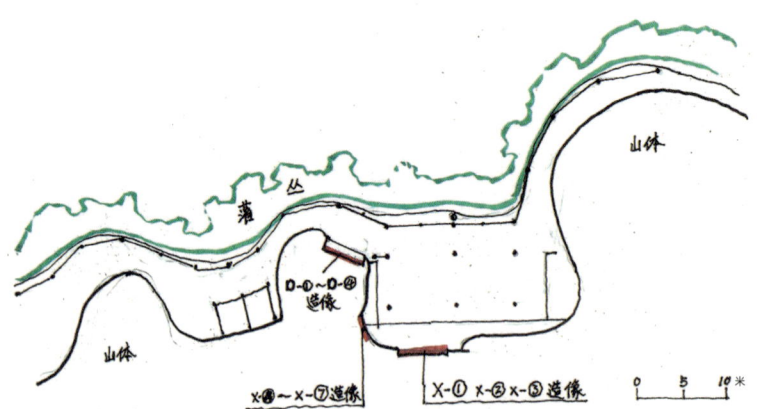

习水望仙台石窟总平面图

习水望仙台石窟造像布局图

2. 窟外崖面、各洞窟之间的相互关系

窟外上部是两个向外凸起的岩体，下部为陡崖，崖底是三岔河河湾。东西两窟紧邻，东窟为"望仙台"寺，西窟为袁锦道祠。

3. 窟前建筑、窟檐遗迹和寺院遗址

窟前建窟檐，形成连廊。连廊为穿斗式结构悬山顶单坡青瓦顶，屋顶紧贴崖壁，从东到西为三段。第一段为单坡无脊。第二段东侧分为两层，一层单坡无脊链接西侧，二层单坡有脊无灰塑抵崖，一二层之间有空；东西之间为一层单坡有脊无灰塑，与崖壁之间有空；东侧为一层单坡有脊有灰塑，与崖壁之间有空。第三段为一层单坡有脊有灰塑，屋脊紧贴崖壁。

（三）内容

1. 洞窟形制

洞窟利用额状崖洞内风化岩槽造像。东窟"望仙台"寺，主龛位于中部，形制呈横长形，龛内造像3尊，自西向东分别编号为D-①、D-②、D-③造像。上方窟顶镌刻"真如密谛"4字。佛龛西侧岩体上另凿一龛，造像4尊，形制呈竖长形，龛内造像4尊，分上下2组，上面3

窟前建筑

尊、下面1尊，自上而下、自南向北分别编号为D-④、D-⑤、D-⑥、D-⑦造像。龛下部以石砌祭台相连，长12米，台上安置光绪二十年（1894）培修后供奉的圆雕神像48尊，其中木雕2尊。西窟袁锦道祠，在开凿的"征侍郎坊"内，有造像4尊，自东向西分别编号为X-①、X-②、X-③、X-④造像。窟外西面路边有4尊雕像，站立在石条上，自左至右分别编号为l-①、l-②、l-③、l-④造像。窟外西面崖壁上方有摩崖造像1尊，编号为Y-①造像。

东窟造像

东窟造像图

西窟造像图

2. 窟内造像彩塑及壁画等

东窟"望仙台"寺中造像彩塑及壁画如下。

D-①、D-②、D-③造像

长方形龛，龛内并列3尊造像，造像背光为立莲瓣形，造像通高均2.3米。

3尊造像为"三世佛"造像，中央为十指并拢两掌相合合十印的释迦牟尼佛，东方为左手置于腹部前腿上，右手屈臂上举于胸前，食指、中指并竖而拇指与无名指、小指相捻的药师佛像，西方为两手相叠而右手置于左手上屈食指弥陀定印的阿弥陀佛像。

窟顶阳刻"真如密谛"

"三世佛"造像

药师佛图　　　　释迦牟尼佛图　　　　阿弥陀佛图

D-④、D-⑤、D-⑥、D-⑦造像

长方形龛，分上下两层。

上层龛内有3尊坐着的三官造像D-④、D-⑤、D-⑥，造像左右镌刻"祈三官佑百福；求神恩纳千祥"对联1副，上部镌刻"天地水秀"4字。三官是道教较早供祀的神灵，所谓天官赐福，地官赦罪，水官解厄。造像作端坐状，均身着右衽广袖长袍，仅冠帽、神态有差。

下层为立着的佛教的护法菩萨"韦陀"造像D-⑦。造像身披铠甲，上下饰飘带，冠带前部有饕餮纹饰，双手握剑于胸前。造像左右镌刻"站佛台一方清吉；抗降魔百邪扫除"对联1副，上部镌刻"威镇名周"4字。韦陀造像与对联之间还镌刻有序文，记开凿三官和韦陀事，此役"鸠首：王登荣，山正：袁锦道、袁正一、赵元清，雕匠师溪永理"，为"嘉庆十年乙丑岁姑洗月是日吉旦王济川敬刊"。

三官造像和"韦陀"造像　　　三官造像和"韦陀"造像图　　　韦陀造像

三官造像

西窟袁锦道祠中造像彩塑及壁画如下。

X-①、X-②、X-③、X-④造像

长方形龛，龛内4尊造像并列，均为坐像，背光是人形投影，X-②通高均1.16米，其余略矮。

4尊造像着装均为对襟盘扣，除X-②着长袍套对襟上衣外，其余均着长袍套对襟长衫，仅双手摆放不同。X-①和X-④号对称，靠内侧一手虎口朝前放于膝上，外侧一手横放于腹部。另外，X-②头戴冠帽，其余3尊均束发。其中，X-②造像为袁锦道，X-①、X-③、X-④造像是其妻妾还是三子，尚有争议。

龛内 4 尊造像

龛内 4 尊造像图

X-①造像

X-①造像图

X-②造像

X-②造像图

X-③造像

X-③造像图

X-④造像

X-④造像图

"征侍郎坊"造像

该坊利用额状崖洞内风化岩槽整体开凿而成，四柱三门五楼，面阔5米，通高4米。由楼柱和大额承托上部正楼和次楼，楼柱和边柱共同承托边楼。大额上立2根高拱柱，柱上镌刻"恩波垂万古；世泽祝千秋"，柱头间置额枋，枋上为正楼楼顶，正楼四阿顶，檐下仿木作卷板处高浮雕如意卷草纹，翼角起翘，正脊两端为鳌鱼吻，正脊中部安放宝瓶。额枋高浮雕吉祥图案。大额为高浮雕和镂空雕相间"二龙抢宝"图案，下部为鳌鱼，无云墩。二枋之间为仰莲座"圣旨牌"，周围镂空雕蟠龙图，牌面阴刻楷书"奉旨覃恩宠锡征侍郎题名建坊，八品寿民袁锦道立，嘉庆十五年仲冬月吉旦"31字。"圣旨牌"两侧为天官和地官。高拱柱与楼柱间为次楼，做法与正楼同，仅正脊脊端改为卷草纹饰。楼下东西两侧花板分别横向阴刻行楷"贞忠""节义"。边楼正脊为剔地回纹，脊饰与次楼同，檐下卷板浮雕莲瓣纹饰。额枋高浮雕野鹿撞钟和麒麟、喜鹊等吉祥图案。花板高浮雕扇面内分别阴刻行楷"文经""武纬"。花枋下施雀替。楼柱圆雕狮子下部镌刻"日照月临万世仰水凝石泐之象；云蒸霞蔚千秋凛精金玉润之神"联，边柱镌刻"令德迈高风乾端坤凝方朔麻姑留胜迹；雄才贻后裔桂秀兰芳仲谋亚子起宏猷"联。牌坊下还有光绪二十年（1894）培修后添置的男女站立雕像2尊，女像双丫髻手捧石盆，男像头戴冠帽，右手抱算盘，左手拿一石器。

Y-①造像

山岩上利用凹陷崖壁开凿的一处圆形造像。造像中的人物盘腿而坐，体态肥胖，袒胸露腹，双手垂握腰带。这"大肚弥勒"应即"布袋和尚"。

3. 题记、碑刻铭文及其他附属文物

东窟上方窟顶镌刻"真如密谛"4字，两侧镌刻"悬崖崔巍恍来鹫岭三仙岛；佳木郁茂俨住祇国一汽清"对联1副。

三官造像左右镌刻"祈三官佑百福；求神恩纳千祥"对联1副，上部镌刻"天地水秀"4字。韦陀造像左右镌刻"站佛台一方清吉；抗降魔百邪扫除"对联1副，上部

"征侍郎坊"造像　　　　　　"征侍郎坊"图

布袋和尚造像

镌刻"威镇名周"4字。韦陀造像与对联之间还镌刻有序文，记开凿三官和韦陀事，此役"鸠首：王登荣，山正：袁锦道、袁正一、赵元清，雕匠师溪永理"，为"嘉庆十年乙丑岁姑洗月是日吉旦王济川敬刊"。

东窟外靠近悬崖边有一座建于同治五年（1866）农历六月的"字库"塔，塔铭上有"同治丙寅暑月谷旦立"等文字。

西窟"征侍郎坊"造像的对联铭文：高拱柱"恩波垂万古；世泽祝千秋"，楼柱"日照月临万世仰水凝石泐之象；云蒸霞蔚千秋凛精金玉润之神"，边柱"令德迈高风乾端坤凝方朔麻姑留胜迹；雄才贻后裔桂秀兰芳仲谋亚子起宏猷"。花板分别阴刻行楷"贞忠""节义""文经""武纬"。"圣旨牌"，牌面阴刻楷书"奉旨覃恩宠锡征侍郎题名建坊，八品寿民袁锦道立，嘉庆十五年仲冬月吉旦"31字。

西窟以西，有代表性的"望乡台遗赞并序"摩崖石刻，镌刻于嘉庆十五年（1810），为袁锦道的表侄"辛酉科举人"任之楷撰文，堂侄袁书浩书丹，匠师候永理镌刻。内容包括题、序、赞、款识4部分，以及嘉庆十五年（1810）的"袁锦道捐修望仙台碑记"、咸丰十一年（1861）"望仙台护林碑"和光绪二十年（1894）"培修碑记"等。

"望乡台遗赞并序"摩崖石刻

镌刻于嘉庆十五年（1810）。高1.2米、宽1.05米，为袁锦道的表侄"辛酉科举人"任之楷撰文，堂侄袁书浩书丹，匠师候永理镌刻。内容包括题、序、赞、款识4部分。

具体内容如下。

望乡台遗赞并序

征仕郎袁公讳锦道，字宗圣，怀阳丁里人也。先籍江西庐陵县，其祖世盟公曾于宋初平蛮入播，显于斯土。迄今文韬武略，衣冠满族，殆不胜屈指。所异者，先生环玮博达，恩周交通，节义自高，豪杰自负。少以为功名之适足劳人也，而乃旷逸以居；身长以为旷逸之不可善身也，而乃经纬以成业。卜宅林泉，栽花种竹，习茶千株，树木万条，辟田土以盈仓廪，修崎岖以利往来。家丰业就，赫赫然与当世英雄驰驱。倘所谓大丈夫，谅不是过耶！况夫玉树交联，丰姿发越，如嗣君者，或成均纪姓或頖辟留名，亦皆能自振拔，克绍前猷。此足征流芳之远，更可垂裕之深也。迨时年跻八旬，朝廷重引年之典，荣以顶带，养以珍馐，如仁邑之七里暨蜀之江綦诸地，谁不知先生其人者？于戏人生，有此美行，有此厚福，而又有此令，闻宜乎，传达之不朽矣。虽然，人所称不朽者，其名耳，其业耳。而先生愿欲不朽其身，并欲不朽其身与嫡之身。

去冬，有客自先生处来者，为余言曰："先生构一胜迹，其间奇峰峭壁，仿佛蓬莱。云飞雾卷，鹤绕龙吟，真绝境也。额其名望乡台，鸠工凿石，置遗夫若妇之像于其上。"余闻之，不禁怡然叹曰："噫嘻！先生之为此举也，诚有心人矣哉！"昔卫文子之登瑕也，则有曰："乐哉斯丘也，我死欲葬之。"其即此台之谓欤？齐景公之登牛山也，则有曰："古而无死，何乐如之？"其即此望乡台之意欤？至泐石垂像，毋乃如今之绘图传真，使后之人即其面目以想见其为人而已，然？未有如斯之美而可久者也。

今余游其地，览其迹，且思其义，窃以为先生之形神千古矣，先生之事业亦千古矣。爰操管以为之颂，其辞曰："卓哉豪杰，矫矫不群。春风为度，秋水为神。周规折矩，异敏其行。山林肥遯，事业震惊。更夸懿配，维彼硕人。系传阀阅，带执簪缨。专一敛退，幽娴静贞。有此坤顺，应与乾并。刚柔叶吉，兰桂敷荣。德垂后裔，身想前生。达者观化，嵩岳效灵。巍然宛委，状矣峥嵘。雕镂几度，体态悉呈。古貌无饰，蝼首有情。霭霭仪范，滚滚精英。日暄雨润，云蔚霞蒸。遗像在此，永庇子孙。"

大清嘉庆十五年庚午菊月辛酉科举人愚表侄任之楷顿首拜撰

赤壁堂侄袁书浩沐手书丹

匠司候永理

袁锦道捐修望仙台碑记

立于嘉庆十五年（1810）。额题"永垂万古"4字，碑文竖向行楷阴刻，凡8行，满行17字。碑文如下。

此地也，历来荒山野箐，千古未以开辟。道也，得置斯土，见岩洞异常，山水奇雅，目触心惊，谅所谓名山洞府，无非如此景况矣。是以不惜锱铢，捐修砌培，上塑佛像，下塑神容。今已开光安位，满堂容像，森严伏异。诸圣显灵，赐一境之人咸庆，四方之客俱享，灵验之声遍及远近。朝献接续，香烟连天。庙宇愈见辉华，庶不负道一人竭诚之念耳，爰为之勒石，以垂不朽焉。是序。

七十三寿者老袁锦道捐修，匠士何国辅、侯永理仝装

大清嘉庆十五年庚午岁冬月上浣吉旦

望仙台护林碑

立于咸丰十一年（1861）。额题"永垂万古"4字，碑文竖向行楷阴刻，凡12行，满行13字。碑文如下。

此寺名曰望仙台，创自宗圣。袁公见此崇山峻岭，奇雅异常，不惜锱铢，鸠工砌培，塑刻神佛金容，庙貌维新历有年。所遗下竹木山场，以作招僧焚献之需。不意本年七月，有袁喜砍烧山土，毁坏竹木，凭众验剖，罚钱七千，勒碑垂戒。凡属远近人等，各宜谨凛，毋蹈前辙，免贻后悔，永垂不朽焉，云尔。

公议就碑另将宗圣公坟会所当田谷输于望仙台，永作焚献之资。一并载明

咸丰十一年辛酉仲冬朔日吉旦

培修碑记

立于光绪二十年（1894）。额题"培修碑记"4字，碑文竖向行楷阴刻，凡9行，满行21字。碑文如下。

伏以佛光朗耀，群沾覆载之恩；神灵赫变，共贺保障之庥。此地名曰望仙台，异常幽雅，俨然洞府海岛，神圣灵应，恍似仙境蓬莱。此地千秋古迹，系是上代锦道祖人所造，年现多久，雨洒风飘，庙祠毁坏，复创培修，殿宇辉煌，森严神像。至今功果周隆，胪列尖碑垂训。建设安龙□典奠，以镇五龙八将。祭祀开光，毫像祷雨祈晴，昭彰境土人民清吉，善信男女安康。募化锱铢，名目开具于后，以此为序。

今修为首袁德凤（金、修、超、显）、袁仁三、袁方珏、袁德楷、袁德贵。

复元厂助钱五百，何太元助钱二百，李启龙助钱一千二百文，母大全、母华林助钱，冯元发、何登文、袁应万、袁光照、何登才、陈炳奎、郑东升各助钱一百二十文，罗斗才、何国顺、何正明各助钱一百二。

住持僧照树、徒海洪。匠师祝春阳、陈彦章

大清光绪二十年岁次甲午菊月吉旦立

袁锦道捐修望仙台碑记

培修碑记

望仙台护林碑

（四）主要风险及成因分析

1. 洞窟岩体结构失稳

未见洞窟岩体结构失稳现象。

2. 岩体表层风化

因地处亚热带湿润季风性气候环境及半山崖壁上，常年有风，使习水望仙台石窟病害以岩体表层风化为主，主要为粉末状风化，已造成造像、石刻、碑刻等因风化严重而漫漶难识。

3. 水害

因石窟周边植被茂密，山体蓄水能力强，岩体在湿润气候环境下形成裂隙渗水，导致窟内长期处于潮湿环境。

4. 生物病害

石窟周边自然环境湿润多雨，空气湿度大，加上石窟寺所在山体植被茂密，蓄水力强，岩隙渗水现象普遍，导致石窟寺造像存在不同程度的生物病害，如霉斑、藓类附着等现象。

5. 自然灾害

未见滑坡、泥石流、洪涝等自然灾害。

6. 其他风险

暂未发现其他风险。

（五）保护管理状况

1. 保护级别和公布时间

保护级别：省级文物保护单位。
公布时间：1982年2月23日。

2. 保护范围和建设控制地带

保护范围面积：6800 平方米。

建设控制地带面积：46 400 平方米。

保护范围：从文物主体中点起，东 70 米入林区，南 65 米入林区，西 70 米过小路，北 50 米抵小溪。

建设控制地带：从保护范围界起，东 80 米抵财神庙大埂，南 80 米到 1249.8 米高地，西 100 米抵小溪，北 70 米抵林区公路。

3. 保护管理机构设置

保护管理机构：习水县文物保护与研究所。

上级管理单位：习水县文体旅游局。

4. 保护管理机构的人员、编制和主要专业人员

人员总数 3 人，编制总数 4 人。本科学历 3 人。专业技术人员 1 人。

5. 文物保护规划和已开展的文物保护工作

未编制文物保护规划。2000 年 6 月，对窟檐进行修缮。

6. 开放情况和主要服务设施

对外开放。无用于文物保护、展示设施，有为游客服务的管理服务设施。

（六）安全防范状况

1. 安全保卫机构设置和人员情况

无安全保卫机构和保卫人员，但有文物保护员。

2. 安防、消防和防雷系统的建设、安装与运行情况

均未建设。

3. 21世纪以来发生的安全事故、石雕造像被盗案件情况

未发生上述情况。

（七）小结

祠寺合一，人神共塑的望仙台石窟保存良好。开凿于清嘉庆十年（1805），嘉庆十五年（1810）告竣。光绪二十年（1894）袁氏后裔募化培修。分为东西两窟，东窟含佛教三世佛和护法菩萨韦陀及道教的天地水三官。西窟为袁锦道祠。望仙台石窟寺是袁锦道兴办实业、修筑大道、开凿石窟的历史见证，窟中利用丹霞地貌红砂岩整体开凿的征侍郎坊贵州仅见、全国罕见，具有较高的历史和艺术价值。

习水望仙台石窟地质结构整体稳定。因地处亚热带湿润季风性气候环境及半山崖壁上，常年有风，使石窟出现粉末状风化，已造成造像、石刻、碑刻等因风化严重而漫漶难识。又因周边自然环境湿润多雨，空气湿度大，加上石窟所在山体植被茂密，蓄水力强，岩隙渗水现象普遍，导致石窟造像存在不同程度的生物病害，如霉斑、藓类附着等现象。此外，习水望仙台石窟位于习水国家森林公园和国家级自然保护区内，对外开放。无用于文物保护、展示设施，有为游客服务的管理服务设施。

按照"四有"工作要求，安置了保护标志，虽无专职安全保卫机构，但有文物保护员，开展定期或不定期文物安全巡查，确保文物安全。

目前存在的突出问题是严重缺乏具有石质文物保护和研究的专业技术人员。"十四五"期间的主要工作任务是在完成数字测绘的基础上完善石窟寺和摩崖造像电子档案，进一步深化习水望仙台石窟及相关历史遗存的研究，力争启动石质文物防风化保护工程项目。

第三章

摩崖造像

一、新舟凉风洞摩崖造像

（一）基本情况

1. 地理位置

行政区域：贵州省遵义市播州区新舟镇。

地理方位：位于新舟镇绿塘村青年组大山坡西坡脚凉风洞洞口南侧上部岩壁上，坐东向西。

地理坐标：北纬 27°50′07.0″，东经 107°11′16.7″。

海拔高度：804.4 米。

2. 地质状况

新舟凉风洞摩崖造像所在，属上扬子台褶带侏罗系地层白云岩、石灰岩岩溶丘陵谷地的典型岭谷地貌。

造像所在区域属亚热带季风气候，年均气温 17℃，终年少见雪凝，冬无严寒，夏无酷暑，雨量充沛，日照充足，年均降水量 1200 毫米，无霜期 340 天。

地区内冬季、秋末、春初，受西伯利亚南下冷空气影响，多为偏北风，地面风主要为东北风，多年平均定时风速 1.9 米/秒，年均最大风速 2.4 米/秒。多年平均相对湿度为 82%，一年中，7 月、8 月平均相对湿度 77%~79%，其余各月相对湿度 81%~84%。多年平均蒸发量为 1151.9 毫米，

灾害性天气主要有旱灾、水灾、雹灾、低温阴雨等，地质灾害有泥石流、崩塌、滑坡、地震风险等。尤以水灾最为严重，对当地生产生活影响较大。

3. 历史沿革

年代：1928 年。

在造像洞内南壁上横向阴刻小篆"延年益寿"4 字，镌刻于"民国戊辰夏"。

4. 造像概况

新舟凉风洞摩崖造像坐东向西，凿于高 0.95 米、宽 0.85 米洞口岩壁上，为高浮雕人像。洞内南壁有摩崖石刻 1 方。

（二）外观

1. 总体布局

摩崖造像布局于绿塘村青年组大山坡西坡脚凉风洞洞口南侧上部岩壁上，洞内南侧岩壁上有摩崖石刻1方。

新舟凉风洞

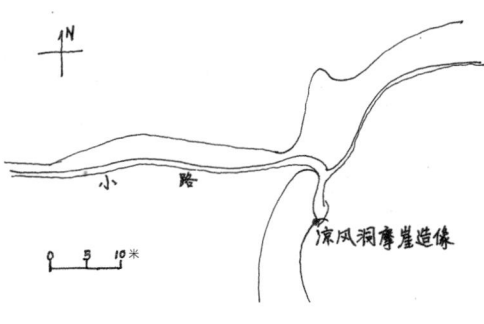

新舟凉风洞摩崖造像总平面图

2. 造像前建筑、窟檐遗迹和寺院遗址

摩崖造像凿于高0.95米、宽0.85米洞口岩壁上，为高浮雕人像，只有胸部以上部分。造像面容端庄饱满，头戴瓜皮帽，拱鼻大耳，衣着为对襟盘扣。无彩塑、壁画。

（三）内容

1. 造像、彩塑及壁画等

摩崖造像凿于高0.95米、宽0.85米洞口岩壁上，为高浮雕人像。造像面容端庄饱满，头戴瓜皮帽，上半身着均为对襟盘扣，拱鼻大耳，整个造像只有胸部以上部分，刚好是从脖子往下数的第四颗扣子的地方。无彩塑、壁画。

2. 题记、碑刻铭文及其他附属文物

摩崖造像两侧镌刻有题记类文字，内容因风化严重而模糊难辨。据当地村民相传，所记为开凿造像和镌刻摩崖石刻事。洞内南壁上横向阴刻小篆"延年益寿"4字，镌刻于"民国戊辰夏"。

新舟凉风洞摩崖造像

新舟凉风洞摩崖造像图

"延年益寿"摩崖石刻

（四）主要风险及成因分析

1. 洞窟岩体结构失稳

未见洞窟岩体结构失稳现象。

2. 岩体表层风化

摩崖造像本体因受水、风蚀、气候、自然环境等多重因素作用而产生明显粉末状风化，其附属文物石刻存在明显差异性风化现象。

3. 水害

摩崖造像本体处于自然开放环境中，极易受面流水、凝结水侵蚀，洞内附属文物"延年益寿"石刻因潮湿环境及岩石渗水导致石刻本体受凝结水、裂隙水影响。

4. 生物病害

摩崖造像周边自然环境湿润多雨，空气湿度大，所在山体植被茂密，蓄水力强，渗水普遍，导致摩崖造像存在不同程度的生物病害，如霉斑、藓类附着等现象。另外，"延年益寿"石刻因受洞内湿润环境及水害影响，石刻表面出现藓类附着生物病害现象。

5. 自然灾害

暂未见有滑坡、泥石流、洪涝等自然灾害。

6. 其他风险

摩崖造像旁有采石场，但没有相应文物保护措施，故存在人为破坏的隐患。

（五）保护管理状况

1. 保护级别和公布时间

尚未核定公布为文物保护单位的不可移动文物。

2. 保护范围和建设控制地带

因尚未核定公布为文物保护单位，暂未划定保护范围和建设控制地带。

3. 保护管理机构设置

保护管理机构：新舟镇科教中心。
上级管理单位：新蒲新区文物管理所。

4. 保护管理机构的人员、编制和主要专业人员

人员总数3人。本科学历2人，本科以下学历1人。

5. 文物保护规划和已开展的文物保护工作

尚未开展文物保护规划和文物本体保护工作。

6. 开放情况和主要服务设施

自然开放。无用于文物保护、展示和游客服务的管理服务设施。

（六）安全防范状况

1. 安全保卫机构设置和人员情况

未设安全保卫机构和安全保卫人员。

2. 安防、消防和防雷系统的建设、安装与运行情况

均未建设。

3. 21世纪以来发生的安全事故、石雕造像被盗案件情况

未发生上述情况。

（七）小结

新舟凉风洞摩崖造像保存较差。造像于1928年开凿在高0.95米、宽0.85米洞口岩壁上，为高浮雕半身人像。造像两侧及下方镌刻的题记类文字已漫漶难识。洞内南壁上存有横向阴刻小篆"延年益寿"4字，镌刻于"民国戊辰夏"。新舟凉风洞摩崖造像表达了一方人民祈求风调雨顺、人畜兴旺、长寿健康的美好愿望。

新舟凉风洞摩崖造像地质结构整体稳定，造像区处于自然开放环境中，受水、风蚀、气候、自然环境等多重因素影响，产生明显粉末状风化现象，存在不同程度的生物病害，如霉斑、藓类附着等现象。此外，摩崖造像旁有采石场，但没有相应文物保护措施，存在人为破坏的隐患。安防、消防和防雷系统均未建设。

当前，贵州省内多数地区存在的突出普遍问题是严重缺乏具有石质文物保护和研究的专业技术人员。"十四五"期间的主要工作任务是在完成数字测绘的基础上完善石窟寺和摩崖造像电子档案，力争启动石质文物防风化保护工程项目。

二、正安龙塘沟摩崖造像

（一）基本情况

1. 地理位置

行政区域：贵州省遵义市正安县流渡镇。

地理方位：位于流渡镇新桥村与市坪乡市坪村刀塘坝组交界龙塘沟。

地理坐标：北纬 28°18′27.6″，东经 107°34′7.8″。

海拔高度：808 米。

龙塘沟内的龙塘

2. 地质状况

流渡镇境域为沉积地层，地质类型多样，龙塘沟一带沟壑纵横，坡陡谷深，地表切割破碎。地貌则属碳酸盐岩地区。气候方面，春季前期寒冷，后期回暖迅速，降水少、光照足、蒸发量大、风速大、气候干燥；夏季温度高、湿度大、降雨集中，湿热同季；秋季气温下降迅速，秋高气爽；冬季气温低，雨雪稀少。年平均降雨量 1112.4 毫米。各月平均风速 2.7～3.6 米/秒。灾害天气以干旱、低温、凝冻和洪涝为主。

3. 历史沿革

年代：清代。

正安龙塘沟摩崖造像开凿于清代，具体年代不详。鉴于其地处川盐行黔"綦岸"盐运通道上，结合当地村民口碑相传，初步判断为清乾嘉年间，具体开凿年代有待进一步研究。

4. 造像概况

正安龙塘沟摩崖造像依崖壁开凿而成，建在高出沟底 20 米的赤壁间，共计 100 余尊，因年久失修，现部分被毁，残存 50 余尊，造像内容大体可以分成 3 类，其一为佛教中的佛、菩萨、罗汉、天王等；其二为道教中的诸如三清、五岳、二十八宿等神灵诸神；其三为佛教道教与民间信仰混合，寓意吉祥的人物、动物和植物。

（二）外观

1. 总体布局

造像东西向分布在龙塘沟小地名灵水洞（或灵水庙）古盐道旁北侧一段山崖上，整体坐北向南，局部坐东北向西南。东侧一组在灵水洞洞穴内，有清泉一眼，常年不枯，造像位于洞穴外岩面上，面积约50平方米。西侧一组相距100米，分两大块面造像于200平方米的岩面上，造像下部沟底有瀑布。

正安龙塘沟摩崖造像

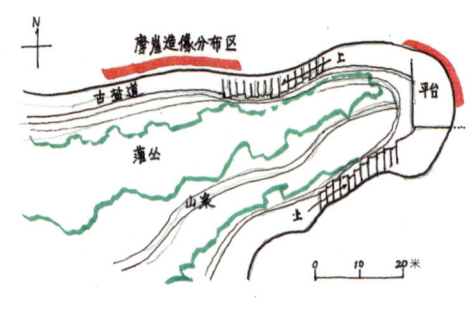

正安龙塘沟摩崖造像总平面图

2. 造像前建筑、窟檐遗迹和寺院遗址

清中期，市坪一仡佬族首领为保护造像不受日晒雨淋，率族众曾在崖壁上依崖打桩修建楼阁，楼阁毁于20世纪70年代初，也导致部分造像毁损。几处开凿于崖壁间的卯口仍存。

（三）内容

1. 造像、彩塑及壁画等

造像内容大致可以分成3类，其一为佛教中的佛、菩萨、罗汉、天王等；其二为道教中的诸如三清、五岳、二十八宿等神灵诸神；其三为佛教道教与民间信仰混合，寓意吉祥的人物、动物和植物。造像利用岩石形状布局并作为骨架，在其上塑像后施以彩绘，整体上造型生动、形态各异、个性鲜明、惟妙惟肖。更为奇妙的是，其选址处，夏秋之际，日落时分，阳光透过西南山顶上的穿洞，普照在一众造像上，形成奇特的光影效果，可谓匠心独具。

2. 题记、碑刻铭文及其他附属文物

原有题记因风化而漫漶难识。

摩崖造像（局部）

彩塑龙

彩塑人物　　　　　　　　　　彩塑人物图

彩塑狮子　　　　　　　　　　彩塑狮子图

（四）主要风险及成因分析

1. 洞窟岩体结构失稳

存在结构失稳风险，失稳主控影响因素是人为破坏和其他因素（差异风化、溶蚀等）。

2. 岩体表层风化

存在风化风险，病害类型为差异风化，整体风化严重。

3. 水害

存在水害，病害类型为面流水。

4. 生物病害

存在生物病害，病害类型为微生物，为藓类病害。

5. 自然灾害

存在自然灾害，病害类型为落石。

6. 其他风险

暂未发现人为涂鸦、书写、烟熏、刻画、不当修复等其他风险。

（五）保护管理状况

1. 保护级别和公布时间

保护级别：市县级文物保护单位。
公布时间：2015 年 11 月。

2. 保护范围和建设控制地带

尚未划定保护范围和建设控制地带。

3. 保护管理机构设置

保护管理机构：正安县文物保护所。
上级管理单位：正安县文体旅游局。

4. 保护管理机构的人员、编制和主要专业人员

人员总数7人，编制总数7人。本科学历5人，本科以下学历2人。专业技术人员6人。

5. 文物保护规划和已开展的文物保护工程

尚未编制文物保护规划，无已开展的文物保护工程。

6. 开放情况和主要服务设施

尚未对外开放。无服务设施。

（六）安全防范状况

1. 安全保卫机构设置和人员情况

无安全保卫机构，有义务文物安全保卫人员。

2. 安防、消防和防雷系统的建设、安装与运行状况

均未建设。

3. 21世纪以来发生的安全事故、石雕造像被盗案件情况

未发生上述情况。

（七）小结

正安龙塘沟摩崖造像保存较为一般，始建于清代，造像东西向分布在龙塘沟小地名灵水洞（或灵水庙）古盐道旁北侧一段山崖上，共计100余尊，现残存造像50余尊。造像内容大致可以分成3类，其一为佛教中的佛、菩萨、罗汉、天王等；其二为道教中的诸

如三清、五岳、二十八宿等神灵诸神；其三为佛教道教与民间信仰混合，寓意吉祥的人物、动物和植物。造像利用岩石形状布局并作为骨架，在其上塑像后施以彩绘，整体上造型生动、形态各异、个性鲜明、惟妙惟肖。更为奇妙的是，其选址处，夏秋之际，日落时分，阳光透过西南山顶上的穿洞，普照在一众造像上，形成奇特的光影效果，可谓匠心独具。正安龙塘沟摩崖造像是黔北大地一份十分宝贵的历史文化遗产，是植根于五千年中华民族灿烂文明之上的文化因子，对深层研究地域宗教文化、民族信仰、民风民俗等具有证史、补史的作用。其表现形式包含着古代宗教、哲学、艺术及民俗的丰富文化内涵，承载着大量的古代文化信息，演绎着历史的发展进程。

正安龙塘沟摩崖造像地处碳酸盐岩地区，沟壑纵横，坡陡谷深，地表切割破碎。造像区处于自然环境中，存在结构失稳风险、本体风化、生物病害、山顶落石等风险。

正安龙塘沟摩崖造像未对外开放，无服务设施。安防、消防和防雷系统均未建设。无安全保卫机构，有义务文物安全保卫人员。

当前，贵州省内多数地区存在的突出普遍问题是严重缺乏具有石质文物保护和研究的专业技术人员。"十四五"期间的主要工作任务是在完成数字测绘的基础上完善石窟寺和摩崖造像电子档案，力争启动石质文物防风化保护工程项目。

三、凤冈太极洞摩崖造像

（一）基本情况

1. 地理位置

行政区域：贵州省遵义市凤冈县何坝街道。

地理方位：位于何坝街道水河村太极洞。

地理坐标：北纬27°51′8.3″，东经107°40′18.6″。

海拔高度：855米。

2. 地质状况

太极洞位于凤冈县城西南13千米处。太极洞原名腾云洞，因洞顶有一圆形凹穴，形似太极图，故改名为太极洞。太极洞所在，是一个长达3千米的山体和洞穴系统，整个山体由大大小小的角砾岩构成。其形成于7000万年前的中生界上白垩统角砾岩组成的北东—南西向的山地、洞穴系统。由低洼地向斜构造中，山洪暴发时被水流击下，大大小小的卵石不断汇集于低地中堆积起来，日积月累，称为洪积扇，通过地质成岩作用，这些大大小小的卵石逐渐形成了角砾岩。在造山运动的影响下，这片洼地高高隆起，变成了现在所见的模样。

凤冈属亚热带季风湿润地区，气候温和湿润多雨。年平均气温15.2℃，年平均无霜期277天，年平均降水量1257.1毫米。灾害天气以干旱、低温、凝冻和洪涝为主。

3. 历史沿革

年代：清代、民国。

开发于明末清初。据《凤冈县文物志（一）》记载，利用太极洞的特殊结构，建修寺庙，始于道光十三年（1833）。那时，生员冉瑞芝用了一年多的时间，修建了一个神台，因资金缺乏而停工。1917年，水河李村秀才戴荣光重修。这一时期，太极洞成了宗教活动的中心。儒释道三家，石木泥三匠，共百余人在洞中活动，营建庙宇、书房、石塔，进行各种雕刻。逢年过节，非常热闹。特别是每年农历二月十八、六月十八、九月十八，来太极洞进香，深望菩萨保佑者，若赶集市。1966年后，石塔、石狮子、石像全被毁坏。

角砾岩构成的太极洞

形似太极图的圆形凹穴

4. 洞窟概况

洞内北壁摩崖造像共 8 尊,分 2 组,一组是单一造像在石壁上部;另一组在石壁右侧偏下,离地 1.4 米,下面 3 尊,2 尊人形造像,二者之间是扇形的造像,中间是 1 张案桌造像,上部 3 尊人形造像。洞外北面峭壁还有"第一观"造像组和石台造像 1 对。摩崖石刻 8 方:"洞门"石刻、"慈航普渡"石刻、"洞见天心"石刻、"洞天福地"石刻、"太极古景"石刻、"洞府奇观第一景"石刻、"慈航普渡"石刻、"甘露下降"石刻。碑刻 3 通:镌刻于 2007 年的"太极洞景区介绍"石碑、镌刻于 1993 年 5 月 10 日的"太极洞介绍"石刻、镌刻于 1992 年 9 月的"无极洞凤字摩崖介绍"石刻。此外,洞内还有民国年间修建制作的石水缸和石台各 1 个。錾凿的石梯、石槽、石窠、石台等遗迹,洞内洞外到处可见。洞外建庙。洞顶建有 1 座六角两檐亭。

（二）外观

1. 总体布局

太极洞在一平地起峰，三面崖险，相对高度约150米的石头山上部，洞身南北长30米，东西长63米，洞高约18米，多穴多窍。造像分布在最大的洞穴岩壁及洞外不同区域。有道教的灵官殿；通过石门进入洞中部，在洞的北侧和西侧洞壁上摩崖造像2组共8尊，摩崖石刻8方，石台石缸各1个。西侧洞外有"第一观"造像组和石台造像1对。洞外建庙。洞顶建有一座六角两檐亭。

2. 窟外崖面、各洞窟之间的相互关系

摩崖造像在太极洞内，洞中多个洞穴安置有佛像菩萨像等供奉祭拜，太极洞外的北侧建有寺庙建筑，通过大梁题记可知，现存建筑是光绪二十九年（1903）建的。1992年7月，凤冈民间开发太极洞筹委会集资在太极洞山顶建造了一座六角两檐亭。

（三）内容

1. 洞窟形制

洞身南北长30米，东西长63米，洞高约18米，多穴多窍。

2. 窟内造像、彩塑及壁画等

洞内北壁摩崖造像两组，共有人物造像6尊。

布袋和尚为单一造像，在石壁上部，距地面7.3米，造像直径1.5米，结跏趺坐，袒胸露腹，笑容可掬。

一组在石壁右侧偏下，下部离地1.4米。为道教的福、禄、寿、喜、财诸神造像，上面3尊，下面2尊。上面3尊人形造像，距地面2.8米，高者1.4米，中为立像，左右2尊为坐像，均双手执符，含笑远视，前部凿有案桌，轮廓清晰。下面2尊造像，右边是喜神，虽垂目屈膝，但长须喜面，面露喜庆且容貌慈祥。左边1尊似遭毁损，状貌已模糊不清。二者之间凿为扇面。

洞外，北面崖壁另有"第一观"造像一组，下部是三层石台，中部浮雕瓶花图案1大2小，共3幅，大的居中，小的分2侧，中间面板上分别镌刻"富贵""花开"各2字，上方横向刻"第一观"3字，两边刻有"坐上客常满；杯中酒不空"对联1副。

布袋和尚造像

福、禄、寿、喜、财诸神造像

福、禄、寿、喜、财诸神造像（局部）

喜神造像

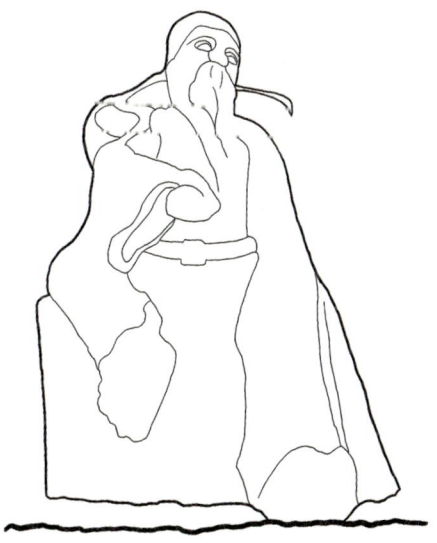
喜神造像图（正面）

喜神造像图（侧面）

3. 题记、碑刻铭文及其他附属文物

"第一观"造像

"洞门"石刻，门额浮雕太极八卦图，门匾横向阴刻行书"石窍天开"4字，左右门柱竖向阴刻草书"到此地清机徐引；逾其门杂气普消"对联，款识为"丙寅日建丁鹤年撰；民国六年丁巳岁四月戴荣光题"。

"太极古景"摩崖石刻，在石穴顶部，横向阴刻"太极古景"4字，款识为"生员冉瑞芝修；道光十五年二月吉"。

"慈航普渡"摩崖石刻，在洞内西侧上部崖壁，横向阴刻楷书"慈航普渡"4字，上部浮雕二龙戏珠图。

"洞见天心"摩崖石刻，在洞内北侧，横向阴刻楷书"洞见天心"4字，款识为"民国丙寅年十月刊；龙泉县知事胥"。上部横向阴刻楷书"敬献"2字。

"洞天福地"摩崖石刻，位于"洞见天心"右侧，横向阴刻楷书"洞天福地"4字，款识为"民国十九年九月；龙泉县长张相宜刊"。上部有阴刻楷书"献"字。

（四）主要风险及成因分析

1. 洞窟岩体结构失稳

未见岩体结构失稳现象。

洞门石刻

"太极古景"摩崖石刻

"慈航普渡"摩崖石刻

"洞见天心"摩崖石刻

"洞天福地"摩崖石刻

2. 岩体表层风化

造像整体风化严重,病害类型是差异风化。

3. 水害

由于所处的环境,洞外造像存在水害,病害类型为裂隙渗水。

4. 生物病害

存在生物病害,病害类型为微生物,主要是受雨水和环境影响滋生的藓类。

5. 自然灾害

暂未见滑坡、泥石流、洪涝等自然灾害。

6. 其他风险

暂未发现人为涂鸦、书写、烟熏、刻画、不当修复等其他风险。

（五）保护管理状况

1. 保护级别和公布时间

保护级别：市县级文物保护单位。
公布时间：2003年12月5日。

2. 保护范围和建设控制地带

尚未划定保护范围和建设控制地带。

3. 保护管理机构设置

保护管理机构：凤冈县文体旅游局（代管）。
上级管理单位：凤冈县人民政府。

4. 保护管理机构的人员、编制和主要专业人员

人员总数3人，编制总数5人。本科学历2人，本科以下学历1人。专业技术人员3人。

5. 文物保护规划和已开展的文物保护工程

尚未开展文物保护规划和文物本体保护工程。

6. 开放情况和主要服务设施

作为景区对外开放。有用于游客服务的管理服务设施。

（六）安全防范状况

1. 安全保卫机构设置和人员情况

无安全保卫机构和安全保卫人员。

2. 安防、消防和防雷系统的建设、安装与运行状况

均未建设和安装。

3. 21世纪以来发生的安全事故、石雕造像被盗案件情况

未发生上述情况。

（七）小结

凤冈太极洞摩崖造像保存差，太极洞的碑刻凿于清道光年间，摩崖造像凿于民国时期。洞内分布有2组8尊摩崖造像，洞外西侧"第一观"摩崖造像和石台造像1对。内容包括佛家佛像和道家的福、禄、寿、喜、财神仙像。洞内石水缸上同样刻有道家福、禄、寿、喜、财神仙像和儒家的耕读图案，石香台上刻的是儒家三字经中窦燕山教五子图案。此外，洞内还有摩崖石刻8方、碑刻3通。技艺娴熟，雕刻精湛。作为全国罕见的角砾岩洞穴山体摩崖造像，造像具有一定的历史和艺术价值。

摩崖造像区地质为角砾岩，且能直接被雨淋湿，岩体表层风化和微生物病害严重，差异风化和溶蚀等因素造成洞岩体存在岩体结构失稳的风险。摩崖造像处于太极洞景区，对外开放，有用于游客服务的管理服务设施。安防、消防和防雷系统均未建设，也无安全保卫机构和安全保卫人员，但有文物保护员直接住在景区。

凤冈县文体旅游局按照"四有"工作要求安置了保护标志，落实文物保护员常年驻守看护，确保文物安全。凤冈太极洞摩崖造像目前存在的突出问题是造像本体环境风化较严重；同时，严重缺乏具有石质文物保护和研究知识的专业技术人员。"十四五"期间的主要工作任务是在对摩崖造像进行全面测绘并完善电子档案的基础上，力争启动石质文物防风化保护工程项目。

四、赤水石鹅咀摩崖造像

（一）基本情况

1. 地理位置

行政区域：贵州省遵义市赤水市旺隆镇。

地理方位：位于旺隆镇朝阳村七组（原石鹅村）西北1千米处。

地理坐标：北纬28°35′7.6″，东经105°55′59.8″。

海拔高度：1089.9米。

2. 地质状况

赤水石鹅咀摩崖造像地处属上侏罗统淡紫色砂岩构成的丹霞地貌。

造像所在地面温度，年均最高20.7℃，最低19.4℃。雨量充沛，多年平均降水量1214.9毫米。空气相对湿度年均90%左右。多年平均日照1297.7小时。

风向风速方面，常年主导风向为北风，夏季为南风，冬季为北风。最大风速27米/秒，风力10级；平均风速1.5米/秒。历年定时最大风速8~14米/秒，大于等于8级或大于等于17米/秒大风常发生在3月至9月，七八月最多，平均每年3.1日。

"石鹅咀"地貌

灾害性天气主要有旱灾、水灾、风灾、雹灾、雷击等，尤以旱灾最为严重，每十年中有七八年受旱。

3. 历史沿革

年代：清代。

据赤水石鹅咀摩崖造像山顶留存的 1 通残碑记载，石鹅咀"古有大佛一尊"，因年久毁损，后重塑。时间为"大清□□九年……"，因风化具体年代不详。

4. 造像概况

摩崖造像 1 尊，为离地 8 米的红色砂石崖壁上的观音菩萨造像，剔地高浮雕后加灰塑，再通体施彩绘。有小青瓦重檐四角攒尖顶木亭，相关文物建筑面积为 7.29 平方米。

（二）外观

1. 总体布局

观音菩萨造像位于石鹅咀山顶天然形成窟檐的峭壁上。

2. 造像前建筑、窟檐遗迹和寺院遗址

山顶寺庙已毁，遗址不存。造像下有穿斗式木结构重檐四角攒尖小青瓦顶方亭，占地面积 10 余平方米。

"石鹅咀"山形

赤水石鹅咀摩崖造像外观

赤水石鹅咀摩崖造像图

崖顶寺庙遗址

木亭

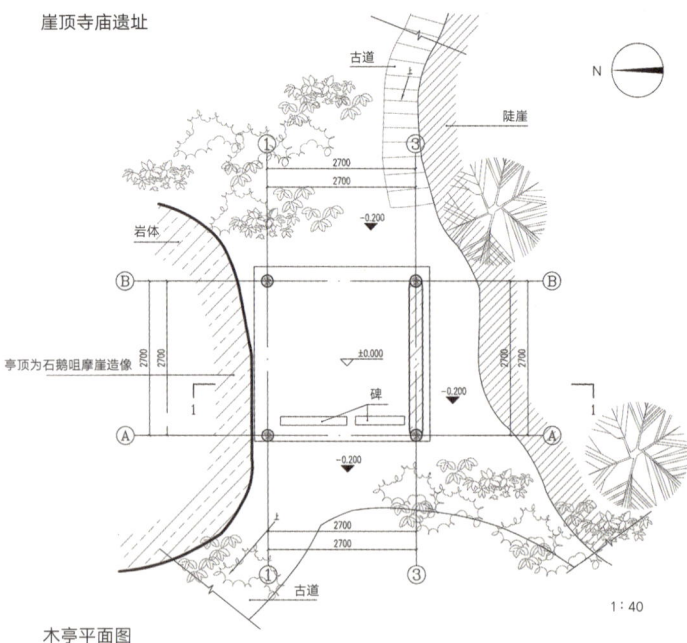
木亭平面图

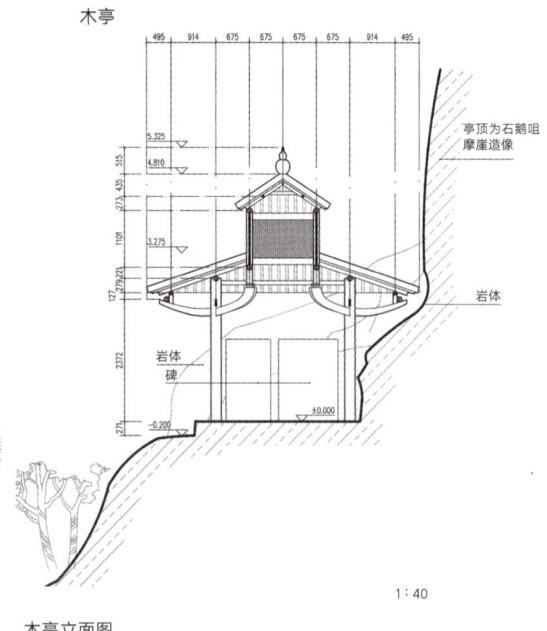
木亭立面图

（三）内容

1. 造像、彩塑及壁画等

观音菩萨造像刻凿于"石鹅咀"山巅红色砂石崖壁上，离地 8 米许，像高 2.5 米。观音菩萨著衣持钵，跣足踏莲，立于龙首上，神态庄严，慈祥而又洒脱，身着右衽圆领广袖袍，肩披披肩，头戴冠帽，帽中有佛像。造像是剔地高浮雕后加灰塑，再通体施彩绘。

观音菩萨造像（正面）

观音菩萨造像（左侧面）

观音菩萨造像（右侧仰视）

观音菩萨造像（右侧面）

观音菩萨造像图

2. 题记、碑刻铭文及其他附属文物

功德碑 2 通，位于木亭的入口处。山顶寺庙遗址残存的残碑 1 通，红砂石质，额题"万古标名"4 字。首题文字残缺，可识者有"音川主碑引重塑山"几字。碑文大致内容为"……积善之家，必有余庆，伸之有感，而人岂无善意乎？今我本地石鹅山，古来有大佛一尊，风雨漂淋，金身颓坏。余目□□怀重修观音，新修川主，装塑形像，灿然一新。独立难□，爰订册募化四方。诸君乐从，不吝倾囊，共□锱铢□□厥成，乃积以沾善果，永垂不朽。是以为序""大清□□九年……"。

古代残碑

当代功德碑

（四）主要风险及成因分析

1. 洞窟岩体结构失稳

未见洞窟岩体结构失稳现象。

2. 岩体表层风化

造像本体出现色块脱落现象。周边岩体结皮风化作用明显。

3. 水害

存在水害，病害类型为面流水。

4. 生物病害

未发现生物病害。

5. 自然灾害

暂未见滑坡、泥石流、洪涝等自然灾害。

6. 其他风险

暂未发现人为涂鸦、书写、烟熏、刻画、不当修复等其他风险。

（五）保护管理状况

1. 保护级别和公布时间

保护级别：省级文物保护单位。
公布时间：1982年2月23日。

2. 保护范围和建设控制地带

保护范围面积：957平方米。

建设控制地带面积：12 928.9 平方米。

保护范围：从文物主体四周起，东、南、西三面分别外延 18 米、12 米、15 米入国有林区，北延伸 17 米入张志林菜地。

建设控制地带：从保护范围界起，东 50 米抵"1108"高地，南 50 米抵大岩顶，西 50 米抵小路拐弯处，北 50 米到麻窝头。

3. 保护管理机构设置

保护管理机构：旺隆镇科技宣传服务中心。

上级管理单位：赤水市文体旅游局。

4. 保护管理机构的人员、编制和主要专业人员

人员总数 3 人，编制总数 4 人。本科以下学历 3 人。专业技术人员（初级职称）1 人。

5. 文物保护规划和已开展的文物保护工程

尚未编制文物保护规划。利用"赤水市河谷公路保护项目"对文物环境进行了保护。

6. 石窟寺的开放情况和主要服务设施

自然开放。无用于文物保护、展示和游客服务的管理服务设施。

（六）安全防范状况

1. 安全保卫机构设置和人员情况

无安全保卫机构，但有文物保护员。

2. 安防、消防和防雷系统的建设、安装与运行状况

均未建设。

3. 21 世纪以来发生的安全事故、石雕造像被盗案件情况

未发生上述情况。

(七)小结

赤水石鹅咀摩崖造像保存较好。最初开凿年代不详,现存造像开凿于清代,观音造像1尊。造像为剔地高浮雕,通体施彩绘。碑刻2通。赤水石鹅咀摩崖造像是大乘佛教由中原经川渝向黔北传播的见证,丰富了贵州的佛教文化,展示了清时期今黔北地区的匠作技艺。

赤水石鹅咀摩崖造像地处属上侏罗统淡紫色砂岩构成的丹霞地貌,岩体结构整体稳定。造像头顶有石头向外翘起,形成天然的窟檐,相对较小,无法对造像形成全方位的保护,仍然存在面流水水害。造像本体出现色块脱落现象。周边岩体结皮风化作用明显。造像处于自然开放状态,无用于文物保护、展示和游客服务的管理服务设施。

按照"四有"工作要求,安置了保护标志,安防、消防和防雷系统均未建设。虽无专职安全保卫机构,但有文物保护员,开展定期或不定期文物安全巡查,确保文物安全。

赤水市的石窟寺和摩崖造像总量在贵州省居首,目前存在的突出问题是严重缺乏具有石质文物保护和研究的专业技术人员。"十四五"期间主要工作任务是在完成数字测绘的基础上完善石窟寺和摩崖造像电子档案,力争启动石质文物防风化保护工程项目。

五、赤水红布岩摩崖造像

（一）基本情况

1. 地理位置

行政区域：贵州省遵义市赤水市宝源乡。

地理方位：位于宝源乡宝源村二组果子山，与两河口镇临界。

地理坐标：北纬 28°22′21.5″，东经 105°42′19.9″。

海拔高度：1023 米。

2. 地质状况

赤水红布岩摩崖造像相邻于赤水市十丈洞景区。赤水市与四川古蔺、叙永、合江三县毗邻，丹霞地貌分布于该市中南部、中北部及东北部，面积1300平方千米，是中国丹霞地貌面积最大的一个县级市。

地处四川盆地南缘，紧靠黔北大娄山北麓，扬子准地台西部，属四川台坳、四川盆地分区泸州小区，与四川为同一沉积湖盆。出露地层为侏罗系、白垩系红色建造，属川中台坳泸州小区的赤水褶皱束，陆相沉积岩层较新。

该地区属中亚热带温暖湿润气候区，具有明显的大陆性季风气候特征，夏季炎热，冬季温凉，四季分明。同时，具有川南高温湿润和贵州高原乍暖气候特征，地区差异和垂直差异显著，年均气温最高为18.8℃，最低为17.5℃，雨量充沛，多年平均降水量1214.9毫米，常

红布岩所在地貌环境

年水蒸发量 1307.1 毫米，多年平均日照 1297.7 小时，空气相对湿度多年平均 83%。

地区内主干河流为赤水河，属长江水系，其支流有习水河、大同河等，河系大小支流 352 条，总长度 1254.2 千米，主要支流 45 条，其中流域面积大于 20 平方千米的 22 条，总长 355 千米。

地区内出露地层含水特征大致为丘陵地区以砂岩为主的孔隙裂隙水，水量少，但是水资源丰富，但存在降水时间、雨量分布极为不均的特点。土壤成土母质多为侏罗系或白垩系紫红色、砖红色砂岩和紫色泥岩等，岩组物理风化速度快，经冲刷而成的土壤多为残积母质、坡积母质、冲积母质。

3. 历史沿革

年代：1918 年。

赤水红布岩摩崖造像凿成于民国七年（1918），后期龛内所刻造像已毁，现在所看到的观音菩萨坐像，为后人重新拼装到龛内。

4. 造像概况

在红布岩离地面 4.2 米高的石壁上，开凿有高 1.65 米、宽 1 米的石龛，龛内凿观音像，像高 1.23 米、宽 0.63 米，在造像下方，又摆放了 3 层从其他地方收集来的石雕、木雕菩萨造像 39 尊，崖壁前建有宽 11.6 米、进深 6 米的木架砖墙建筑。

窟龛数量：1 窟 1 龛。

摩崖造像数量：1 尊。

相关文物建筑面积：69.6 平方米。

（二）外观

1. 总体布局

赤水红布岩摩崖造像开凿在一处离地面 4.2 米高的石壁上，开凿有高 1.65 米、宽 1 米的石龛，龛内造像高 1.23 米、宽 0.63 米。

2. 造像前建筑、窟檐遗迹和寺院遗址

造像前建筑宽 11.6 米、进深 6 米，对所存放的菩萨像起到了保护作用。

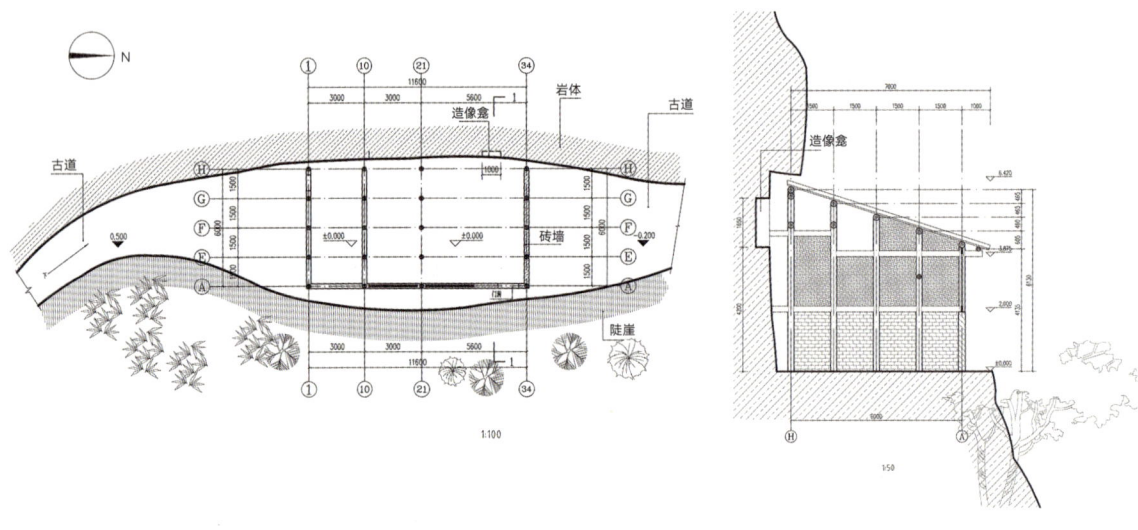

赤水红布岩摩崖造像建筑平面图　　　　　　　　　赤水红布岩摩崖造像建筑剖面图

（三）内容

1. 造像、彩塑及壁画等

摩崖造像为彩塑观音像，观音造像盘坐于莲花座上，双手自然叠放，左手置于右手之上，掌心向上捧宝瓶，神态端庄慈祥。

造像分布

观音造像

观音造像图

2. 题记、碑刻铭文及其他附属文物

观音造像两侧各有摩崖石刻 1 方，文字漫漶难识。

（四）主要风险及成因分析

1. 洞窟岩体结构失稳

由崩塌作用形成的丹崖赤壁是丹霞地貌最重要的特征。其成因主要是岩体临空减压，在临空岩体内常产生与临空面走向相一致的近垂直节理，连同岩层的原生节理、裂缝在一起，当岩壁麓部受水流侵蚀淘空后凹进，或有洞穴发育，使其上部的岩体悬空，悬空的岩体在节理面上的黏结力小于岩体的重量时，就会沿节理面发生崩塌，使岩壁后退，形成丹崖赤壁。或有地下水沿近垂直节理渗入岩体内并在岩壁麓部沿缝隙流出，大大降低了节理面的黏结力，使节理外侧的岩体发生崩塌，致使岩壁后退，形成丹霞赤壁。因此，石窟存在洞窟岩体结构失稳的隐患。

2. 岩体表层风化

主要为粉末状风化，已造成造像两边岩壁上石刻铭文因风化严重而漫漶难识。

3. 水害

因后期为保护摩崖造像建造了屋架，且岩体面内斜，有效地排除水分，摩崖造像暂无水害现象。

4. 生物病害

实地调查未发现红布岩摩崖造像受明显植物、动物病害现象，但在摩崖造像周边岩壁上可明显看到因气候湿润、自然环境下微生物易存等而出现不规则成片薄藓类附着。

5. 自然灾害

经实地调查，未发现该处摩崖造像存在明显自然灾害风险。

6. 其他风险

暂未发现人为涂鸦、书写、烟熏、刻画、不当修复等其他风险。

（五）保护管理状况

1. 保护级别和公布时间

2010年10月第三次全国文物普查新发现，尚未核定公布为文物保护单位的不可移动文物。

2. 保护范围和建设控制地带

未划定保护范围与建设控制地带。

3. 保护管理机构设置

保护管理机构：宝源乡科技宣传服务中心。
上级管理单位：赤水市文化体育旅游局。

4. 保护管理机构的人员、编制和主要专业人员

人员总数2人，编制总数2人。本科学历1人，本科以下学历1人。专业技术人员（初级职称）1人。

5. 文物保护规划和已开展的文物保护工作

尚未编制文物保护规划，无已开展的文物保护工程。

6. 开放情况和主要服务设施

开放参观。无用于文物保护、展示和游客服务的管理服务设施。

（六）安全防范状况

1. 安全保卫机构设置和人员情况

无安全保卫机构，但聘任当地人员一名作为文物保护员。

2. 安防、消防和防雷系统的建设、安装与运行情况

均未建设和安装。

3. 21 世纪以来发生的安全事故、石雕造像被盗案件情况

赤水市文物保护中心及属地管辖人民政府定期或不定期组织开展文物安全巡查、执法活动，加之百姓文化遗产保护意识的不断提升，21 世纪以来未发生安全事故，未发生石雕造像被盗案件。

（七）小结

赤水红布岩摩崖造像凿成于 1918 年，龛离地面 4.2 米高，高 1.65 米、宽 1 米。龛内造像，像高 1.23 米、宽 0.63 米。原造像已毁，现观音菩萨坐像为后人重装到龛内，保存较好。此处为当地一些村民的宗教活动场所，建了简易屋架，对造像起到了保护作用。该造像对学者研究川黔毗邻地区古代经济、文化和社会现状具有一定参考意义。

调查中了解到赤水红布岩摩崖造像未建设相关"三防"设施，但对消防、安防、防雷系统有一定实际需求，应加强文物保护单位申报定级工作，加强专业技术人员力量建设与培训，对该处摩崖造像生物病害开展恰当的保护技术措施。虽然赤水市文物保护中心对摩崖造像开展了保护管理工作，但人员有限，工作效果不突出，建议加强专业技术人员队伍建设，联合当地人民政府、志愿力量加强对摩崖造像的科学保护利用实施力度。

"十四五"期间，贵州省石窟寺（含摩崖造像）作为全省不可移动文物保护工作中的一种具有较高艺术价值、历史价值的文物类型，省内各级相关文物保护管理与研究机构，将以此次调查工作为契机，将省内石窟寺（含摩崖造像）文物保护单位申报、定级，制订文物保护规划以及文物保护修缮等工作提升至新的高度。

六、赤水陛诏观音岩摩崖造像

（一）基本情况

1. 地理位置

行政区域：贵州省遵义市赤水市元厚镇。
地理方位：位于元厚镇陛诏村村北 150 米陛诏沟左岸，坐北向南。
地理坐标：北纬 28°24′11.3″，东经 105°55′22.6″。
海拔高度：220.60 米。

2. 地质状况

赤水陛诏观音岩摩崖造像所在，属上白垩统嘉定群红砂岩构成的丹霞地貌，具体而言是由崩塌的岩块、岩屑堆积在崖麓或谷底形成的崩积丹霞地貌。

摩崖造像所在地面温度，年均最高 20.7℃，最低 19.4℃。雨量充沛，多年平均降水量 1214.9 毫米。空气相对湿度年均 90% 左右。多年平均日照 1297.7 小时。

陛诏观音岩地貌

风向风速方面，常年主导风向为北风，夏季为南风，冬季为北风。最大风速27米/秒，风力10级；平均风速1.5米/秒。历年定时最大风速8~14米/秒，大于等于8级或大于等于17米/秒大风常发生在3月至9月，七八月最多，平均每年3.1日。

灾害性天气主要有旱灾、水灾、风灾、雹灾、雷击等，尤以旱灾最为严重，每10年中有七八年受旱。

3. 历史沿革

年代：清代。

据当地口口相传，造像最初开凿于清乾隆初。后因岩石崩塌，观音像随崩塌岩石倒覆，是此地地名又称"倒观音"的缘由。据《光绪增修仁怀厅志·卷二·祥异志》有"乾隆五十一年丙午五月六日河西里地震"，6月18日出现"山崩"的记载，与传说吻合。据龛东侧0.3米处竖向行楷款识"光绪十四年八月□□日重□""墨书壁题"，现存造像于光绪十四年（1888）8月在崩塌岩石后面的岩石上重新开凿。

4. 造像概况

在沟底的一巨大岩石石壁上凿龛，龛高1米、宽0.8米，龛内凿观音像。龛上部横向镌刻行楷"观音岩"3字。龛两侧镌刻行楷抱对1副。龛东侧0.3米许，有竖向行楷款识。无相关文物建筑。

（二）外观

1. 总体布局

造像布局于陛诏村北150米处陛诏沟北岸一巨大岩石的峭壁上。石壁上凿龛，龛内凿观音像。龛上部横向镌刻行楷"观音岩"3字。龛两侧镌刻行楷抱对1副。龛东侧0.3米许，有竖向行楷款识。

造像开凿于巨大岩石上

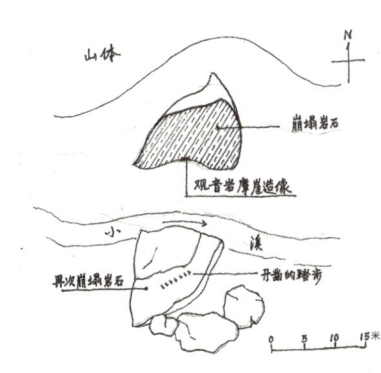
赤水陛诏观音岩摩崖造像总平面图

观音造像　　　　　　　　　　　　观音造像图

2. 窟前建筑、窟檐遗迹和寺院遗址

摩崖造像所在巨石面，无窟前建筑、窟檐遗迹和寺院遗址。

（三）内容

1. 洞窟形制

石壁上凿龛，龛高1米、宽0.8米。

2. 造像、彩塑及壁画等

观音菩萨造像，跣足盘坐于双层莲台之上，头戴冠帽，身着广袖袍，拱鼻大耳，发披于肩，双手合于胸前，手捧净瓶，造像通身彩绘。

3. 题记、碑刻铭文及其他附属文物

龛上部横向镌刻行楷"观音岩"3字。龛两侧镌刻行楷抱对"俨然西湖胜景；恰似南海名山"1副。龛东侧0.3米许，有竖向行楷"光绪十四年八月□□日重□"墨书壁题。

（四）主要风险及成因分析

1. 洞窟岩体结构失稳

未见洞窟岩体结构失稳现象。

2. 岩体表层风化

赤水陛诏观音岩摩崖造像所在岩石位于干涸河谷地带的自然环境中，形成自然风化现

象，其病害类型为差异风化。

3. 水害

赤水陛诏观音岩摩崖造像所在区域环境湿润多雨，雨水及湿润环境会对自然环境下的岩体产生影响，造成对摩崖造像的水害现象，其水害类型为面流水和毛细水。

4. 生物病害

实地调查未发现陛诏观音岩摩崖造像有明显植物、动物病害现象，但在摩崖造像周边岩壁上可明显看到因气候湿润、自然环境下微生物易存等而出现不规则成片薄藓类附着。

5. 自然灾害

经实地调查，未发现该处摩崖造像存在明显自然灾害风险。

6. 其他风险

暂未发现人为涂鸦、书写、烟熏、刻画、不当修复等其他风险。

（五）保护管理状况

1. 保护级别和公布时间

尚未核定公布为文物保护单位的不可移动文物。

2. 保护范围和建设控制地带

尚未划定保护范围和建设控制地带。

3. 保护管理机构设置

保护管理机构：元厚镇科技宣传服务中心。
上级管理单位：赤水市文体旅游局。

4. 保护管理机构的人员、编制和主要专业人员

人员总数 2 人，编制总数 4 人。本科学历 1 人，本科以下学历 1 人。专业技术人员（初级职称）1 人。

5. 文物保护规划和已开展的文物保护工程

尚未开展文物保护规划和文物本体保护工程。

6. 开放情况和主要服务设施

自然开放。无用于文物保护、展示和游客服务的管理服务设施。

（六）安全防范状况

1. 安全保卫机构设置和人员情况

无安全保卫机构和安全保卫人员。

2. 安防、消防和防雷系统的建设、安装与运行状况

均未建设和安装。

3. 21世纪以来发生的安全事故、石雕造像被盗案件情况

未发生上述情况。

（七）小结

造像布局于陛诏村北150米处陛诏沟北岸一巨大岩石的峭壁上。石壁上凿龛，龛内凿观音像。造像最初开凿于清乾隆初。后因岩石崩塌，观音像随崩塌岩石倒覆，现存造像于光绪十四年（1888）8月在崩塌岩石后面的岩石上重新开凿，保存较好。观音菩萨造像，跣足盘坐于双层莲台之上，头戴冠帽，身着广袖袍，拱鼻大耳，发披于肩，双手合于胸前，手捧净瓶，造像通身彩绘。开凿赤水陛诏观音岩摩崖造像的目的，是祈求"川盐入黔"仁岸盐运大通道畅通无阻，过往行旅商贾平安无恙，这一造像也是赤水河航运发展史的见证。

赤水陛诏观音岩摩崖造像所在岩石位于干涸河谷地带的自然环境中，造像所在区域环境湿润多雨，无保护设施，形成自然风化现象，还有严重的水害问题。未建设消防、安防、防雷系统，也无安全保卫机构和安全保卫人员。处于自然开放状态，无用于文物保护、展示和游客服务的管理服务设施。

赤水市的石窟寺和摩崖造像总量在贵州居首，目前存在的突出问题是严重缺乏具有石质文物保护和研究的专业技术人员。"十四五"期间的主要工作任务是在完成数字测绘的基础上完善石窟寺和摩崖造像。

七、赤水葫市摩崖造像

（一）基本情况

1. 地理位置

行政区域：贵州省遵义市赤水市葫市镇。
地理方位：位于葫市镇葫市村葫市滩右岸岩壁上，坐东向西。
地理坐标：北纬 28°28′59.4″，东经 105°56′00.2″。
海拔高度：263.3 米。

2. 地质状况

赤水葫市摩崖造像位于赤水市葫市镇。赤水市与四川古蔺、叙永、合江三县毗邻，丹霞地貌分布于该市中南部、中北部及东北部，面积 1300 平方千米，是中国丹霞地貌面积最大的一个县级市，葫市摩崖造像所在地是典型的由凸片状风化剥落形成的丹霞地貌。

地处四川盆地南缘，紧靠黔北大娄山北麓，扬子准地台西部，属四川台坳、四川盆地分区泸州小区，与四川为同一沉积湖盆。出露地层为侏罗系、白垩系红色建造，属川中台坳泸州小区的赤水褶皱束，陆相沉积岩层较新。

该地区属中亚热带温暖湿润气候区，具有明显的大陆性季风气候特征，夏季炎热，冬季温凉，四季分明。同时，具有川南高温湿润和贵州高原乍暖气候特征，地区差异和垂直差异

赤水葫市摩崖造像环境状况

显著，年均气温最高为18.8℃，最低为17.5℃，雨量充沛，多年平均降水量1214.9毫米，常年水蒸发量1307.1毫米，多年平均日照1297.7小时，空气相对湿度多年平均83%。

地区内主干河流为赤水河，属长江水系，其支流有习水河、大同河等，河系大小支流352条，总长度1254.2千米，主要支流45条，其中流域面积大于20平方千米的22条，总长355千米。

地区内出露地层含水特征大致为丘陵地区以砂岩为主的孔隙裂隙水，水量少，但是水资源丰富，存在降水时间、雨量分布极为不均的特点。土壤成土母质多为侏罗系或白垩系紫红色、砖红色砂岩和紫色泥岩等，岩组物理风化速度快，经冲刷而成的土壤多为残积母质、坡积母质、冲积母质。

3. 历史沿革

年代：清代。

造像群的左面石壁上，有阴刻造像题记3方。正文已大部分风蚀难辨，但仍可辨识是乾隆年间之作，其中1方题有"乾隆癸亥"（1743）字样。从题记得知，这些造像的个体是分次凿成的。

4. 造像概况

赤水葫市摩崖造像是在石壁上凿龛，龛内凿像，共11龛13尊造像，坐东向西，上下2排，上7尊，下6尊，均为高浮雕彩绘全身像。每像大小不一，姿态各异。大的坐像高1.2米，小的坐像高0.5米。上排从北向南依次是观音菩萨、青狮文殊菩萨及左右两侍、坐在鸟背的燃灯佛（道人）、2尊头部被毁的结跏趺坐像；下排从北向南依次是结跏趺坐菩萨像、半结跏趺坐佛像、王爷庙牌位像、护法像、镇江王爷像、身骑白马手拿斧头杨四将军像。造像群的左面石壁上，有阴刻造像题记3方。正文已大部分风蚀难辨，但仍能认出是乾隆年间之作，其中1方题有"乾隆癸亥"（1743）字样。摩崖造像所在岩壁下建有香台，岩壁上及香台摆设有数尊佛塑像。摩崖前面，原来傍崖建有庙宇，名为镇江王爷庙，是赤水河上往来船人祈祷平安之所。

（二）外观

1. 总体布局

摩崖造像在葫市滩右岸岩壁上，上方是连接公路的一个平台，平台上建有青瓦顶房子。北侧建有亭子和房子。造像坐东向西，上下2排，上7尊，下6尊，均为高浮雕全身像。

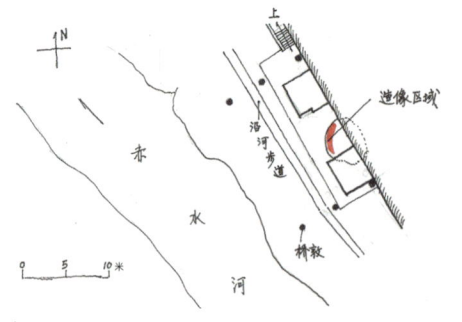

赤水葫市摩崖造像总平面图

赤水葫市摩崖造像整体布局

赤水葫市摩崖造像图

2. 窟前建筑、窟檐遗迹和寺院遗址

摩崖造像所在岩壁下建有香台，岩壁上及香台安置有数尊佛塑像。摩崖前面，原傍崖建有庙宇，名镇江王爷庙。现崖壁上还有当时搭建庙宇时留下的孔洞。北侧建有1个亭子和房子。摩崖上方平台上建有青瓦顶房子。

（三）内容

1. 造像、彩塑及壁画等

赤水葫市摩崖造像，是在石壁上凿龛，龛内凿像，共11龛13尊造像，坐东向西，上下2排，上7尊，下6尊，均为高浮雕彩绘全身像。每像大小不一，姿态各异。大的坐像高1.2米，小的坐像高0.5米。上排从北向南依次是观音菩萨、青狮文殊菩萨及左右两侍、坐在鸟背的燃灯佛（道人）、2尊头部被毁的结跏趺坐像；下排从北向南依次是结跏趺坐菩萨像、半结跏趺坐佛像、王爷庙牌位像、护法像、镇江王爷像、身骑白马手拿斧头杨四将军像。所有造像的体型比例适当，雕工精湛，粗细得体，尤以面部造型独具匠心，有的垂目方颐，显得慈祥；有的怒目圆睁，显得威武；女像嘴角微笑，丰腴而不肥胖，秀丽而不纤弱。

观音菩萨龛
立莲瓣形龛，龛内观音菩萨像，圆形背光，双腿盘坐于莲花座上，右手结说法印，左手执玉瓶端放于膝上。体态丰腴娴静，衣褶轻盈流畅。

青狮文殊菩萨龛
长方形龛，龛内青狮文殊菩萨像及左右两侍像。文殊菩萨盘坐于青狮背上，双手结禅定印，左右两侧各立1尊罗汉像。

燃灯佛（道人）像龛
莲瓣形龛，龛内凿盘坐在大鹏鸟背上的燃灯佛（道人），双手结合十印，背后红蓝黄琉璃物。

镇江王爷像龛
长方形龛，龛内凿镇江王爷像，头戴冠帽，嘴上留长须，脚踩猛虎，威严端坐，右手向上举起，左手覆于膝上。

杨四将军像龛
拱形龛，龛内凿杨四将军骑马像。杨四将军头戴盔，右手持斧，左手被毁，骑在飞奔的白马上，气宇轩昂，正气凛然。龛左有"乾隆卅八年蒲月吉日"铭文。

观音菩萨造像

文殊菩萨造像

燃灯佛造像

镇江王爷造像

杨四将军造像

"王爷庙"牌位龛造像

护法造像

2. 题记、碑刻铭文及其他附属文物

造像群的左面石壁上，有阴刻造像题记3方。正文已大部分风蚀难辨，但仍可辨识是乾隆年间之作，其中1方题有"乾隆癸亥"字样，即乾隆八年（1743）。从题记得知，这些造像的个体是分次凿成的。

（四）主要风险及成因分析

1. 洞窟岩体结构

摩崖造像所在岩体结构稳固，无坍塌、岩体内结构面切割、裂隙水压力等地质灾害风险，因码头上道路扩宽整治，摩崖造像所在岩体上架路基并形成遮挡，岩体结构得以进一步加固。

2. 岩体表层风化

摩崖造像表层及其周边表层存在差异风化现象，各尊摩崖造像因受空气、风、水分环境作用而呈现不同程度的风化现象。

3. 水害

因摩崖造像所在岩体上架路基并形成遮挡，岩体周边所砌墙体存在裂隙渗水现象。

4. 生物病害

实地调查未发现摩崖造像受明显植物、动物病害现象。

5. 自然灾害

经实地调查，未发现该处摩崖造像存在明显自然灾害风险。

6. 其他风险

因周边信众时常在摩崖造像前开展祭祀活动，导致岩壁表面及6处摩崖造像遗存烟熏痕迹。

（五）保护管理状况

1. 保护级别和公布时间

保护级别：省级文物保护单位。
公布时间：1982年2月23日。

2. 保护范围和建设控制地带

文物本体面积约60平方米。
保护范围：以文物主体为中心，东25米抵邓清发宅，南15米抵邓清发菜地，西25米抵张九华菜地，北15米到小路。
建设控制地带：从保护范围界起，东45米抵杨同安宅，南25米抵赤水河边，西46米抵李克英宅，北28米抵葫市镇场房屋。

3. 保护管理机构设置

保护管理机构：葫市镇科技宣传服务中心。
上级管理单位：赤水市文化体育旅游局。

4. 保护管理机构的人员、编制和主要专业人员

人员总数 2 人，编制总数 2 人。本科学历 1 人，本科以下学历 1 人。专业技术人员（初级职称）1 人。

5. 文物保护规划和已开展的文物保护工作

尚未编制文物保护规划。利用"赤水市河谷公路保护项目"对文物环境进行了保护。

6. 开放情况和主要服务设施

开放参观。无用于文物保护、展示和游客服务的管理服务设施。

（六）安全防范状况

1. 安全保卫机构设置和人员情况

无安全保卫机构，但聘任当地人员 1 名作为文物保护员。

2. 安防、消防和防雷系统的建设、安装与运行情况

安装有"天眼"视频监控系统。其余尚未建设和安装。

3. 21 世纪以来发生的安全事故、石雕造像被盗案件情况

赤水市文物保护中心及属地管辖人民政府定期或不定期组织开展文物安全巡查、执法活动，加之百姓文化遗产保护意识的不断提升，21 世纪以来未发生安全事故，未发生石雕造像被盗案件。

（七）小结

赤水葫市摩崖造像始凿于清代，分多次完成。龛的形状多样，有长方形、莲瓣形、拱形等，内容涵盖佛、菩萨、护法、镇江王爷、杨四将军等，内容丰富，人物形象性格鲜明，每像大小不一，姿态各异。可惜保存较差，已残缺不全，碑刻模糊难辨。这里原是赤水河上往来船人祈祷平安之所。葫市场是赤水河中游一个水陆码头，与川南交往频繁。交通方便，商业活跃，思想文化广聚百家。反映在造像群中，有"镇江"的"王爷""杨四将军"，有佛家的菩萨，

体现出民俗、宗教信仰的综合特色。

摩崖造像所在岩体结构稳固，造像区为石质砂岩，质地疏软，易于风化。龛窟形制保存完整，造像头部残缺。此外，因周边信众时常在摩崖造像前开展祭祀活动，导致岩壁表面及6处摩崖造像遗存烟熏痕迹。开放参观，无用于文物保护、展示和游客服务的管理服务设施。

按照"四有"工作要求，安置了保护标志，虽无专职安全保卫机构，但聘任当地人员1名作为文物保护员。赤水市文物保护中心及属地管辖人民政府定期或不定期组织开展文物安全巡查、执法活动，安装了"天眼"视频监控系统，以确保文物安全。

赤水市文物保护中心对摩崖造像开展保护管理工作，但人员有限，工作效果不突出，建议加强专业技术人员队伍建设，联合当地人民政府、志愿力量加强对摩崖造像的科学保护利用实施力度。调查中了解到赤水葫市摩崖造像对消防系统有一定实际需求，应加强文物保护工程相关申报工作，加强专业技术人员力量建设与培训。

"十四五"期间，贵州省石窟寺（含摩崖造像）作为全省不可移动文物保护工作中的一种具有较高艺术价值、历史价值的文物类型，省内各级相关文物保护管理与研究机构，将以此次调查工作为契机，将省内石窟寺（含摩崖造像）文物保护单位申报、定级，制订文物保护规划以及文物保护修缮等工作提升至新的高度。

八、赤水金沙摩崖造像

（一）基本情况

1. 地理位置

行政区域：贵州省遵义市赤水市葫市镇。

地理方位：位于葫市镇金沙村金沙沟（金沙沟入赤水河口处），坐南朝北，朝向320°。

地理坐标：北纬28°27′16.2″，东经105°57′59.1″。

海拔高度：264.3米。

2. 地质状况

赤水金沙摩崖造像地处上白垩统嘉定群近水平红砂岩旁凹状崖壁上，距离河口水面相对高差约40米，属于红色砂泥岩层被风化形成的岩洞。

摩崖造像所在区域年均气温最高为22.3℃，最低为19.5℃，雨量充沛，多年平均降水量1234.1毫米，常年水蒸发量1300.5毫米，多年平均日照1297.7小时，空气相对湿度多年平均83%。

金沙沟入赤水河口处环境

常年主导风向为北风，夏季为南风，冬季为北风。最大风速 27 米/秒，风力 10 级；平均风速 1.5 米/秒。历年定时最大风速 8～14 米/秒，大于等于 8 级或大于等于 17 米/秒大风常发生在 3 月至 9 月，七八月最多，平均每年 3.1 日。

灾害性天气主要有旱灾、水灾、风灾、雹灾、雷击等，尤以旱灾最为严重，每十年中有七八年受旱。

3. 历史沿革

年代：开凿于清代，具体开凿时间不详。

4. 洞窟概况

共 1 窟 2 龛 6 尊造像，右龛 5 尊造像为三母及两侍像，左龛 1 尊药王造像，呈一字横向排列。东面石壁上有摩崖石刻共 3 方，内容漫漶难识。摩崖造像所在岩壁下建有混凝土香台，岩壁及祭台上安置有数尊佛塑像。

（二）外观

1. 总体布局

位于葫市镇金沙村金沙沟入赤水河口处岩壁上，沿凹状岩壁横向分布。造像共 2 龛，右龛为 5 尊造像，左龛为 1 尊造像，呈一字横向排列，东面石壁上有摩崖石刻共 3 方，前紧邻岩壁建有一层青瓦顶砖木结构简易建筑。因该处摩崖造像所在位置为当地百姓宗教活动场所，摩崖造像所在岩壁下建有混凝土香台，岩壁上及祭台摆设有数尊佛塑像。

赤水金沙摩崖造像布局

2. 窟前建筑、窟檐遗迹和寺院遗址

赤水金沙摩崖造像窟前紧邻岩壁建有一层青瓦顶砖木结构简易建筑，使摩崖造像被建筑包含，便于参观、保存。原窟檐遗迹、寺院遗址不存。

（三）内容

1. 窟内造像、彩塑及壁画等

赤水金沙摩崖造像共 6 尊，为高浮雕全身像造像，其中 5 尊共位于 1 个石龛内，另 1 尊"药王"造像位于其右侧，为单独石龛，6 尊造像呈一字横向排列。每像姿态各异，5 尊造像中间 3 尊为"三母"像，两侧对称各有形稍小的侍从像。6 尊造像中最高的 0.8 米，最矮的 0.5 米。整个造像群结构严谨，人物形象性格鲜明。各造像像身均涂彩色颜料。

2. 题记、碑刻铭文及其他附属文物

6 尊摩崖造像群东面石壁上有摩崖石刻共 3 方，内容漫漶难识。

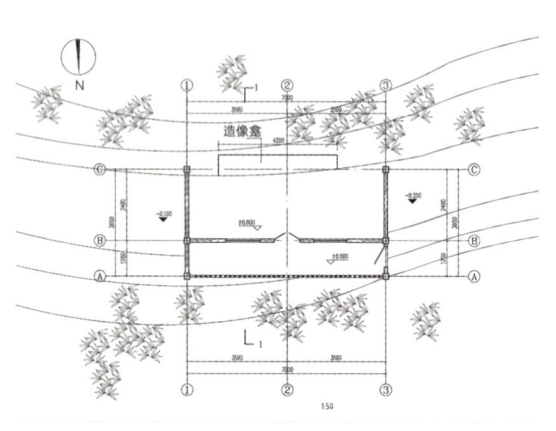

赤水金沙摩崖造像建筑平面图

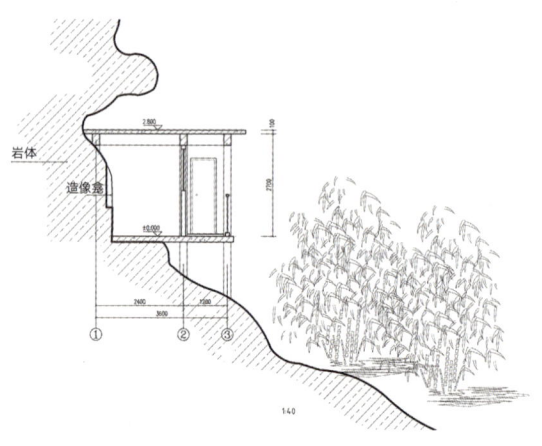

赤水金沙摩崖造像建筑剖面图

赤水金沙摩崖造像

赤水金沙摩崖造像图

（四）主要风险及成因分析

1. 洞窟岩体结构失稳

该摩崖造像所在岩体结构稳固，无坍塌、岩体内结构面切割、裂隙水压力等地质灾害风险，后期建造的房屋对文物本体有一定的保护意义。

2. 岩体表层风化

摩崖造像表层及其周边岩石表层存在差异风化现象。

风化严重俗称"连山碑"的摩崖石刻

3. 水害

摩崖造像所在岩体上有大量植被自然生长，部分水分将沿岩石缝隙自然滴落于摩崖造像前的岩壁上，形成裂隙渗水现象。

4. 生物病害

实地调查未发现赤水金沙摩崖造像受明显植物、动物病害现象，但在摩崖造像前的岩壁上可明显看到因裂隙渗水、气候湿润、自然环境下微生物易存等而出现不规则成片藓类附着。

5. 自然灾害

经实地调查，未发现该处摩崖造像存在明显自然灾害风险。

6. 其他风险

未发现其他风险。

（五）保护管理状况

1. 保护级别和公布时间

2009年4月第三次全国文物普查新发现，尚未核定公布为文物保护单位的不可移动文物。

2. 保护范围和建设控制地带

尚未划定保护范围与建设控制地带。

3. 保护管理机构设置

保护管理机构：葫市镇科技宣传服务中心。
上级管理单位：赤水市文化体育旅游局。

4. 保护管理机构的人员、编制和主要专业人员

人员总数 2 人，编制总数 2 人。本科学历 1 人，本科以下学历 1 人。专业技术人员（初级职称）1 人。

5. 文物保护规划和已开展的文物保护工作

尚未编制文物保护规划。利用"赤水市河谷公路保护项目"对文物环境进行了保护。

6. 开放情况和主要服务设施

开放参观。无用于文物保护、展示和游客服务的管理服务设施。

（六）安全防范状况

1. 安全保卫机构设置和人员情况

无安全保卫机构，但聘任当地人员 1 名作为文物保护员。

2. 安防、消防和防雷系统的建设、安装与运行情况

尚未建设和安装安防和防雷系统。消防救援设施设备急需完善，现消防水源来自天然水源，最近的消防队到达葫市摩崖造像约需 40 分钟车程，无专兼职消防队。

3. 21 世纪以来发生的安全事故、石雕造像被盗案件情况

赤水市文物保护中心及属地管辖人民政府定期或不定期组织开展文物安全巡查、执法活

动，加之百姓文化遗产保护意识的不断提升，21世纪以来未发生安全事故，未发生石雕造像被盗案件。

（七）小结

经过对赤水金沙摩崖造像的实地调查，已基本了解其凿于清代，具体年份不详，为1窟2龛6尊摩崖造像，整体坐南朝北，为高浮雕全身像造像，占地面积约40平方米，相关文物占地面积约200平方米。内容包括"药王"、三母及侍从。整个造像群结构严谨，人物形象性格鲜明。各造像像身均涂彩色颜料。造像群东面石壁上有摩崖石刻共3方，内容漫漶难识。

摩崖造像所在岩体结构稳固，造像区为石质砂岩，质地较软，摩崖造像表层及其周边岩石表层存在差异风化现象。龛窟形制保存完整。摩崖造像所在岩体上有大量植被自然生长，部分水分将沿岩石缝隙自然滴落于摩崖造像前的岩壁上，形成裂隙渗水现象，岩壁上有不规则成片藓类附着。

虽无专职安全保卫机构，但聘任当地人员1名作为文物保护员。赤水市文物保护中心及属地管辖人民政府定期或不定期组织开展文物安全巡查、执法活动，确保文物安全。赤水市文物保护中心对摩崖造像开展保护管理工作，但人员有限，工作效果不突出，建议加强专业技术人员队伍建设，联合当地人民政府、志愿力量加强对摩崖造像的科学保护利用实施力度。调查中了解到赤水金沙摩崖造像未建设相关"三防"设施，但对消防、安防系统有一定实际需求，应加强文物保护工程相关申报工作，加强专业技术人员力量建设与培训。

"十四五"期间，贵州省石窟寺（含摩崖造像）作为全省不可移动文物保护工作中的一种具有较高艺术价值、历史价值的文物类型，省内各级相关文物保护管理与研究机构，将以此次调查工作为契机，将省内石窟寺（含摩崖造像）文物保护单位申报、定级，制订文物保护规划以及文物保护修缮等工作提升至新的高度。

九、赤水半壁寺摩崖造像

（一）基本情况

1. 地理位置

行政区域：贵州省遵义市赤水市市中街道。

地理方位：位于市中街道办事处滨江社区赤水港码头东侧 80 米岩壁上，坐南向北，朝向 60°。

地理坐标：北纬 28°35′38.0″，东经 105°41′49.4″。

海拔高度：223 米。

2. 地质状况

赤水半壁寺摩崖造像位于赤水市内，距赤水港码头 80 米，距赤水河水面相对高差 30 米。赤水市与四川古蔺、叙永、合江三县毗邻，丹霞地貌分布于该市中南部、中北部及东北部，面积 1300 平方千米，是中国丹霞地貌面积最大的一个县级市，东门摩崖造像所在岩体属典型的由凸片状风化剥落形成的丹霞地貌，即陆相红色砂砾岩。

地处四川盆地南缘，紧靠黔北大娄山北麓，扬子准地台西部，属四川台坳、四川盆地分区泸州小区，与四川为同一沉积湖盆。出露地层为侏罗系、白垩系红色建造，属川中台坳泸州小区的赤水褶皱束，陆相沉积岩层较新。

该地区属中亚热带温暖湿润气候区，具有明显的大陆性季风气候特征，夏季炎热，冬季温凉，四季分明。同时具有川南高温湿润和贵州高原乍暖气候特征，地区差异和垂直差异显著，年均气温最高为 18.8℃，最低为 17.5℃，雨量充沛，多年平均降水量 1214.9 毫米，常年水蒸发量 1307.1 毫米，多年平均日照 1297.7 小时，空气相对湿度多年平均 83%。风向风速方面，常年主导风向为北风，夏季为南风，冬季为北风。最大风速 27 米/秒，风力 10 级；平均风速 1.5 米/秒。历年定时最大风速 8~14 米/秒，大于等于 8 级或大于等于 17 米/秒大风常发生在 3 月至 9 月，七八月最多，平均每年 3.1 日。

地区内出露地层含水特征大致为丘陵地区以砂岩为主的孔隙裂隙水，水量少，但是水资源丰富，存在降水时间、雨量分布极为不均的特点。土壤成土母质多为侏罗系或白垩系紫红色、砖红色砂岩和紫色泥岩等，岩组物理风化速度快，经冲刷而成的土壤多为残积母质、坡积母质、冲积母质。

灾害性天气主要有旱灾、水灾、风灾、雹灾、雷击等，尤以旱灾最为严重，每十年中有七八年受旱。

3. 历史沿革

年代：清代。

4. 洞窟概况

赤水半壁寺摩崖造像原称"东门摩崖造像"，但经调查，此处原称"半壁寺"，下为赤水河右岸，河滨东路是后来新建的，故更名为"半壁寺摩崖造像"。摩崖造像为独立窟龛，石龛较小，龛内凿一观音坐像。紧贴岩壁建一层砖混结构建筑，相关文物建筑面积为120平方米。

（二）外观

1. 总体布局

赤水半壁寺摩崖造像坐南向北，窟龛面积0.6平方米，刻于离地1米的石壁上，紧靠石壁建一层砖混结构建筑，建筑名为"半壁寺"，摩崖造像为独立窟龛，所在岩壁下建有香台，观音造像两侧安置金童、玉女雕像。半壁寺地处市中区，周围为商铺和居民住宅，北面10米为河滨大道，东80米为盐业公司，西80米为码头。

2. 窟前建筑、窟檐遗迹和寺院遗址

造像所在已为当地百姓宗教活动场所，外观是紧贴岩壁所建的一层砖混结构建筑，原窟檐不存，但遗迹尚存。

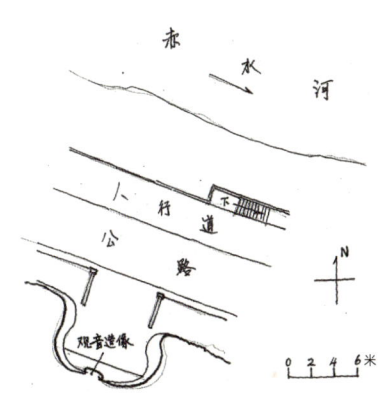

赤水半壁寺摩崖造像总平面图

半壁寺前建筑现状

(三)内容

1. 形制

赤水半壁寺摩崖造像刻于离地1米的石壁上,凿有一壁龛,高0.95米、宽0.56米、进深0.2米,内凿一观音像,面目慈祥,手捧净瓶盘坐于莲台之上。

2. 窟内造像彩塑及壁画等

赤水半壁寺摩崖造像所在石龛较小,龛内凿一观音坐像,面目慈祥,手捧净瓶盘坐于莲台之上。观音像两侧摆置2尊彩塑金童、玉女像,3尊造像像身鎏金、皮肤略红、头发乌黑、色彩鲜艳,形成完整统一的彩色体系。

3. 题记、碑刻铭文及其他附属文物

据调查,造像下方有一碑刻,被香台遮挡。

(四)主要风险及成因分析

1. 洞窟岩体结构失稳

由崩塌作用形成的丹崖赤壁是丹霞地貌最重要的特征。其成因主要是岩体临空减压,在临空岩体内常产生与临空面走向相一致的近垂直节理,连同岩层的原生节理、裂缝在一起,当岩壁麓部受水流侵蚀淘空后凹进,或有洞穴发育,使其上部的岩体悬空,悬空的岩体在节理面上的黏结力小于岩体的重量时,就会沿节理面发生崩塌,使岩壁后退,形成丹崖赤壁。

半壁寺观音造像

半壁寺观音造像图

或有地下水沿近垂直节理渗入岩体内并在岩壁麓部沿缝隙流出，大大降低了节理面的黏结力，使节理外侧的岩体发生崩塌，致使岩壁后退，形成丹霞赤壁。因此，石窟存在洞窟岩体结构失稳的隐患。

2. 岩体表层风化

主要为粉末状风化，尤其是在窟龛周边岩壁上，多数岩石结构因风化作用、水分等自然环境作用而形成粉末状风化现象。

3. 水害

经实地调查，未发现摩崖造像受明显水害现象。

4. 生物病害

经实地调查，未发现摩崖造像受明显植物、动物病害现象。

5. 自然灾害

经实地调查，未发现该处摩崖造像存在明显自然灾害风险。

6. 其他风险

暂未发现人为涂鸦、书写、烟熏、刻画、不当修复等其他风险。

（五）保护管理状况

1. 保护级别和公布时间

2010年10月第三次全国文物普查新发现，尚未核定公布为文物保护单位的不可移动文物。

2. 保护范围和建设控制地带

尚未划定保护范围与建设控制地带。

3. 保护管理机构设置

保护管理机构：市中街道科技宣传服务中心。
上级管理单位：赤水市文化体育旅游局。

4. 保护管理机构的人员、编制和主要专业人员

人员总数 3 人，编制总数 4 人。本科学历 3 人。无专业技术人员。

5. 文物保护规划和已开展的文物保护工作

尚未编制文物保护规划，无已开展的文物保护工程。

6. 开放情况和主要服务设施

开放参观。无用于文物保护、展示和游客服务的管理服务设施。

（六）安全防范状况

1. 安全保卫机构设置和人员情况

无安全保卫机构，但聘任当地人员 1 名作为文物保护员。

2. 安防、消防和防雷系统的建设、安装与运行情况

均未建设和安装。

3. 21 世纪以来发生的安全事故、石雕造像被盗案件情况

赤水市文物保护中心及属地管辖人民政府定期或不定期组织开展文物安全巡查、执法活动，加之百姓文化遗产保护意识的不断提升，21 世纪以来未发生安全事故，未发生石雕造像被盗案件。

（七）小结

赤水半壁寺摩崖造像原称"东门摩崖造像"，凿于清代，刻于离地 1 米的石壁上，凿有

一壁龛，内凿一观音像，面目慈祥，手捧净瓶盘坐于莲台之上。该造像为研究赤水河流域民间风俗信仰提供了实证，是利用区域性自然条件表达宗教文化元素、体现清代匠作技艺的良好范例。

造像位于红砂岩的额状崖洞，是典型的由凸片状风化剥落形成的丹霞地貌，即陆相红色砂砾岩，不仅存在洞窟岩体结构失稳隐患，还易于风化，主要为粉末状风化，尤其是在窟龛周边岩壁上，多数岩石结构因风化作用、水分等自然环境作用而形成粉末状风化现象。开放参观，无用于文物保护、展示和游客服务的管理服务设施。

虽无专职安全保卫机构，但聘任当地人员 1 名作为文物保护员。赤水市文物保护中心及属地管辖人民政府定期或不定期组织开展文物安全巡查、执法活动，确保文物安全。赤水市文物保护中心对摩崖造像开展保护管理工作，但人员有限，工作效果不突出，建议加强专业技术人员队伍建设，联合当地人民政府、志愿力量加强对摩崖造像的科学保护利用实施力度。

"十四五"期间，贵州省石窟寺（含摩崖造像）作为全省不可移动文物保护工作中的一种具有较高艺术价值、历史价值的文物类型，省内各级相关文物保护管理与研究机构，将以此次调查工作为契机，将省内石窟寺（含摩崖造像）文物保护单位申报、定级，制订文物保护规划以及文物保护修缮等工作提升至新的高度。

十、赤水茶土坪观音堂摩崖造像

（一）基本情况

1. 地理位置

行政区域：贵州省遵义市赤水市长沙镇。
地理方位：位于长沙镇山戈桩村西观音岩山崖壁上，坐东向西，朝向270°。
地理坐标：北纬28°39′18.9″，东经105°57′55.6″。
海拔高度：609米。

2. 地质状况

赤水茶土坪观音堂摩崖造像位于长沙镇山戈桩村西观音岩山崖壁上，离地5米。赤水市与四川古蔺、叙永、合江三县毗邻，丹霞地貌分布于该市中南部、中北部及东北部，面积1300平方千米，是中国丹霞地貌面积最大的一个县级市，观音岩是典型的由凸片状风化剥落形成的丹霞地貌。

地处四川盆地南缘，紧靠黔北大娄山北麓，扬子准地台西部，属四川台坳、四川盆地分区泸州小区，与四川为同一沉积湖盆。出露地层为侏罗系、白垩系红色建造，属川中台坳泸州小区的赤水褶皱束，陆相沉积岩层较新。

茶土坪观音堂环境现状

该地区内属中亚热带温暖湿润气候区，具有明显的大陆性季风气候特征，夏季炎热，冬季温凉，四季分明。同时，具有川南高温湿润和贵州高原乍暖气候特征，地区差异和垂直差异显著，年均气温最高为18.8℃，最低为17.5℃，雨量充沛，多年平均降水量1214.9毫米，常年水蒸发量1307.1毫米，多年平均日照1297.7小时，空气相对湿度多年平均83%。风向风速方面，常年主导风向为北风，夏季为南风，冬季为北风。最大风速27米/秒，风力10级；平均风速1.5米/秒。历年定时最大风速8～14米/秒，大于等于8级或大于等于17米/秒大风常发生在3月至9月，七八月最多，平均每年3.1日。

地区内出露地层含水特征大致为丘陵地区以砂岩为主的孔隙裂隙水，水量少，但是水资源丰富，但存在降水时间、雨量分布极为不均的特点。土壤成土母质多为侏罗系或白垩系紫红色、砖红色砂岩和紫色泥岩等，岩组物理风化速度快，经冲刷而成的土壤多为残积母质、坡积母质、冲积母质。

灾害性天气主要有旱灾、水灾、风灾、雹灾、雷击等，尤以旱灾最为严重，每十年中有七八年受旱。

3. 历史沿革

年代：清代。

从"观音堂"对联款识看，镌刻于嘉庆十四年（1809）。窟龛东南壁面上有5方摩崖石刻，多漫漶难识。其中1方为"光绪二十三年丁酉八月中浣立"的"重修观音庙堂碑序"。

4. 洞窟概况

窟龛数量：3龛。

赤水茶土坪观音堂摩崖造像，石龛共有3处，雕凿的牌楼门窟龛造像，正楼门额上楷书阴刻"观音堂"3字，门柱为1对圆雕盘龙柱，边柱位置镌刻阴刻对联，龛内无造像；南北两侧低处各有1小型石龛，龛内安置佛像。另有数尊泥塑佛像置于龛前。5方摩崖石刻，台地上搭建单层穿斗式木结构歇山小青瓦顶建筑。相关文物建筑面积为10.88平方米。

（二）外观

1. 总体布局

赤水茶土坪观音堂摩崖造像位于村西观音岩山崖壁上，坐东向西，最初石龛离地5米，后人在岩壁前砌筑约18平方米石质台地，今龛窟离地1.3米。"观音堂"龛造像居中，两侧下方各有一小窟，3处独立窟龛呈"品"字形排列。牌楼门窟龛内无造像，"观音堂"龛前置石质香台，香台上供奉彩绘坐莲观音像，两侧各为金童玉女像。

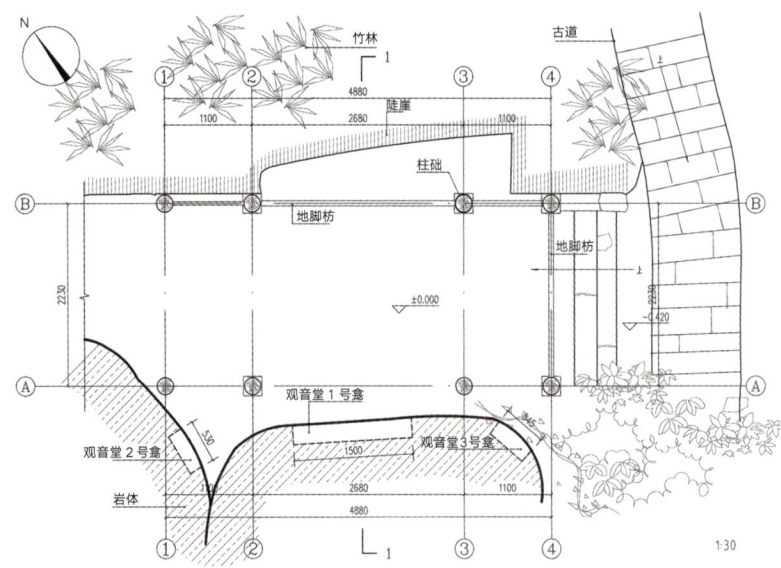

赤水茶土坪观音堂摩崖造像平面图

2. 窟前建筑、窟檐遗迹和寺院遗址

赤水茶土坪观音堂摩崖造像台地上搭建单层穿斗式木结构歇山小青瓦顶建筑。穿枋阴雕双龙戏珠图腾，雕刻手法极为精美。

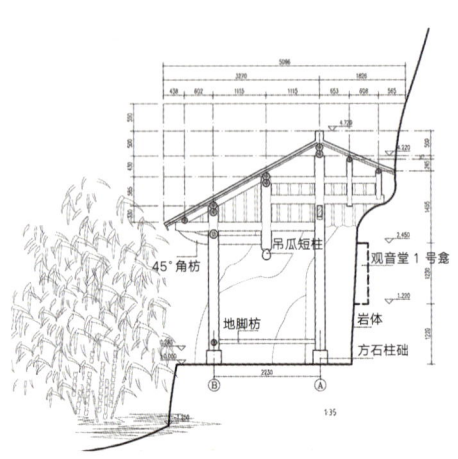

赤水茶土坪观音堂摩崖造像建筑剖面图

穿斗式木结构歇山青瓦顶建筑结构

赤水茶土坪观音堂摩崖造像建筑柱枋做法

赤水茶土坪观音堂摩崖造像建筑屋面做法

（三）内容

1. 窟内造像、彩塑及壁画等

赤水茶土坪观音堂摩崖造像刻于离地 5 米的石壁上，石龛共有 3 处，雕凿的牌楼门窟龛造像，石龛距离台地 1.3 米，龛高 0.6 米，宽 0.5 米，正楼门额上楷书阴刻"观音堂"3 字，门柱为 1 对圆雕盘龙柱，边柱位置镌刻阴刻对联："心虔何必朝南海；意诚此处即普陀"。从款识看，镌刻于嘉庆十四年（1809）。龛内无造像。龛前置石质香台，香台上供奉彩绘坐莲观音像，两侧各为金童玉女像。南北两侧低处各有 1 小型石龛，龛内各安置佛像。两处石龛离地 0.4 米、高 0.5 米、宽 0.35 米、进深 0.2 米，北龛是三角形长方形龛，窟内放置彩绘土地公。南龛是拱形龛，龛的上方刻有卷草纹图案，窟内放置彩绘药王菩萨。

2. 题记、碑刻铭文及其他附属文物

雕凿的牌楼门窟龛，正楼门额上楷书阴刻"观音堂"3 字，门柱为 1 对圆雕盘龙柱，边柱位置镌刻阴刻对联："心虔何必朝南海；意诚此处即普陀"。从款识看，镌刻于清嘉庆十四年（1809）。

观音堂造像　　　　　　　　　　　　观音堂造像图

"重修观音庙堂碑序"摩崖石刻

漫漶难识的"功德碑"摩崖石刻

窟龛东南壁面上有 5 方摩崖石刻，多漫漶难识。其中 1 方为"光绪二十三年丁酉八月中浣立"的"重修观音庙堂碑序"，称得"好善君子"等"慨然襄助，庶几，庙重新而获佑耳"。

（四）主要风险及成因分析

1. 洞窟岩体结构失稳

尚未发现洞窟岩体结构失稳现象。

2. 岩体表层风化

因摩崖造像窟龛长期处于自然环境，其窟龛屋檐形上部存在粉末状风化现象。

3. 水害

因摩崖造像所在岩体搭建有一亭台，未发现水害现象。

4. 生物病害

实地调查未发现赤水茶土坪观音堂摩崖造像有明显动物病害现象，但在摩崖造像周边岩壁及亭台建筑各构件表面可明显看到因气候湿润、植被茂密、微生物易存等而出现不规则成片藓类附着。

5. 自然灾害

经实地调查，未发现该处摩崖造像存在明显自然灾害风险。

6. 其他风险

经实地调查，未发现该处摩崖造像存在明显其他风险。

（五）保护管理状况

1. 保护级别和公布时间

本次新发现，尚未核定公布为文物保护单位的不可移动文物。

2. 保护范围和建设控制地带

因赤水茶土坪观音堂摩崖造像为调查新发现文物点，暂未划定保护范围与建设控制地带。

3. 保护管理机构设置

保护管理机构：长沙镇科技宣传服务中心。
上级管理单位：赤水市文化体育旅游局。

4. 保护管理机构的人员、编制和主要专业人员

人员总数2人，编制总数5人。本科以下学历2人。专业技术人员（高级职称）1人。

5. 文物保护规划和已开展的文物保护工作

尚未开展文物保护规划和文物保护工作。

6. 开放情况和主要服务设施

自然开放。无用于文物保护、展示和游客服务的管理服务设施。

（六）安全防范状况

1. 安全保卫机构设置和人员情况

无安全保卫机构设置和人员。

2. 安防、消防和防雷系统的建设、安装与运行情况

均未建设和安装。

3. 21世纪以来发生的安全事故、石雕造像被盗案件情况

未发生上述情况。

（七）小结

赤水茶土坪观音堂摩崖造像为本次石窟寺（含摩崖造像）调查新发现文物点。最初开凿年代不详，现存造像开凿清代。石龛共有3处，中间相对较大石龛的龛额楷书阴刻"观音堂"3字，南北两侧低处各有1小型石龛，龛内各安置佛像。中间石龛前摆置一香台，香台供奉彩绘坐莲观音像，两侧各为金童玉女像，窟龛左侧岩壁上阴刻2块相邻风化较明显的连山碑。该摩崖造像是大乘佛教由中原经川渝向黔北传播的见证，丰富了贵州的佛教文化，展示了清时期今黔北地区的匠作技艺。

赤水茶土坪观音堂摩崖造像地处属上侏罗统淡紫色砂岩构成的丹霞地貌。摩崖造像所在岩体结构稳固，造像区为石质砂岩，质地较软，摩崖造像表层及其周边岩石表层存在差异风化现象。龛窟形制保存完整。因摩崖造像窟龛长期处于自然环境，其窟龛屋檐上部存在粉末状风化现象。

摩崖造像作为新发现的文物点，无专职安全保卫机构和人员，安防、消防和防雷系统均未建设，处于自然开放状态，无用于文物保护、展示和游客服务的管理服务设施。

赤水市石窟寺和摩崖造像总量在贵州居首，目前存在的突出问题是严重缺乏具有石质文物保护和研究的专业技术人员。应该对该发现依法进行不可移动文物认定。"十四五"期间的主要工作任务是在完成数字测绘的基础上完善石窟寺和摩崖造像电子档案，力争启动石质文物防风化保护工程项目。

十一、金沙岩孔观音洞摩崖佛像

（一）基本情况

1. 地理位置

行政区域：贵州省毕节市金沙县岩孔街道。

地理方位：位于岩孔街道云岩社区，坐西南向东北。

地理坐标：北纬27°33′15.1″，东经106°14′49.1″。

海拔高度：1003米。

岩孔观音洞外环境

2. 地质状况

金沙岩孔观音洞摩崖佛像所在，属晚期华夏系波伏褶皱及压轴性走向断层正安古拱折断束石灰岩溶地貌。

佛像所在地面温度，年均最高16.3℃，最低14.3℃。年降水量充沛，但分布不均，多年平均降水量为1026毫米，平均相对湿度为81.4%，年平均日照时数为1051.1小时，多年平均无霜期316.9天。

属亚热带湿润季风雨热同季气候区，气候温和，四季分明，无霜期长，昼夜温差大，夏多伏旱，冬多云雾。每年进入雨季通常为4月至5月，降水量和降水强度都明显改变。入秋，由于地形作用，冷空气常滞留上空，经常阴雨连绵，可长达月余。

灾害性天气主要有旱灾、冰雹、倒春寒、雷暴雨、秋绵雨、秋风、雪凝等，地质灾害主要有滑坡、崩塌、地裂缝、泥石流、地面塌陷等。

3. 历史沿革

年代：清代，具体时间不详。

4. 造像概况

洞内西面壁上，平行线上自北而南依次刻有"释迦牟尼、观音、文殊"造像3尊，就势而琢。佛像距地面3.8米，各占面积0.6平方米。盘坐于莲台闭目合掌、手托圣瓶，或立于云端手持拂尘。因自然脱落及人为破坏，造像严重受损，现仅存释迦牟尼、观音部分。周边石壁上有少量彩色图画。

（二）外观

1. 总体布局

洞内西面岩壁，在平行线上自北而南依次镌有"释迦牟尼、观音、文殊"造像3尊。距地表约3.8米，各占面积0.6平方米。洞内外崖壁上留存多处"观音庙"遗迹。现存的观音寺，是在摩崖原址处，利用一半原生自然崖体和一半人工砌筑的台基上修建的观音寺。

2. 窟前建筑、窟檐遗迹和寺院遗址

因明代佛教盛行于此，前人于洞前修建观音庙寺。洞前观音庙寺早毁，现存原建遗迹多处。现由功德人士捐款多次，在摩崖原址处利用一半原生自然崖体和一半人工砌筑的台基上修建了观音寺。

（三）内容

1. 造像、彩塑及壁画等

金沙岩孔观音洞摩崖佛像位于洞内西面壁上，平行线上自北而南依次刻有"释迦牟尼、观音、文殊"造像3尊，就势而琢。佛像距地面3.8米，各占面积0.6平方米。因自然脱落及人为破坏，造像严重受损，现仅存释迦牟尼、观音部分。观音像面部彩绘，跣足盘坐于双层莲台之上，左手持瓶，右手放于右膝盖，头戴冠帽，身着广袖袍，拱鼻大耳，发披于肩，周边石壁上有少量彩色图画。释迦牟尼造像，跣足盘坐于双层莲台之上，双手结合十印，无彩绘。

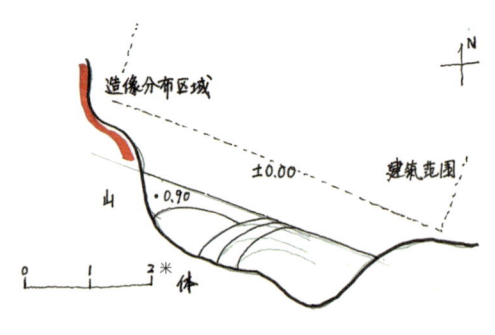

金沙岩孔观音洞摩崖佛像总平面图　　　　金沙岩孔观音洞摩崖佛像布局图

观音造像

2. 题记、碑刻铭文及其他附属文物

没有发现题记、碑刻铭文及其他附属文物。

（四）主要风险及成因分析

1. 洞窟岩体结构失稳

无洞窟岩体结构失稳现象。

2. 岩体表层风化

因金沙岩孔观音洞摩崖佛像所处自然岩洞阴暗潮湿，为常年自然开放状态，自然风吹蚀，导致洞内摩崖造像存在不同程度的风化，其中释迦牟尼像、观音像风化程度相对较轻，而另外1尊像风化程度严重，像身难以辨识。其风化类型以岩体表层风化为主，为粉末状风化。

3. 水害

金沙岩孔观音洞摩崖佛像存在水害现象，洞内空气湿度大，其水分主要源于岩体裂隙渗水及自然降雨导致的面流水。

4. 生物病害

经实地调查，未发现金沙岩孔观音洞摩崖佛像存在明显生物病害现象。

5. 自然灾害

经实地调查，未发现金沙岩孔观音洞摩崖佛像存在明显自然灾害风险。

6. 其他风险

经实地调查，未发现金沙岩孔观音洞摩崖佛像存在明显其他风险。

（五）保护管理状况

1. 保护级别和公布时间

保护级别：市县级文物保护单位。
公布时间：1992年7月10日。

2. 保护范围和建设控制地带

保护范围面积：360平方米。
建设控制地带面积：4800平方米。

3. 保护管理机构设置

保护管理机构：岩孔街道办事处。
上级管理单位：金沙县文体广电旅游局。

4. 保护管理机构的人员、编制和主要专业人员

人员总数2人，编制总数5人。本科以下学历2人。专业技术人员（高级职称）1人。

5. 文物保护规划和已开展的文物保护工作

尚未开展文物保护规划和文物本体保护工作。

6. 开放情况和主要服务设施

自然开放。无用于文物保护、展示和游客服务的管理服务设施。

（六）安全防范状况

1. 安全保卫机构设置和人员情况

未设置安全保卫机构和人员。

2. 安防、消防和防雷系统的建设、安装与运行情况

均未建设和安装。

3. 21 世纪以来发生的安全事故、石雕造像被盗案件情况

未发生上述情况。

（七）小结

金沙岩孔观音洞摩崖佛像开凿于洞内西面壁上，平行线上自北而南依次刻有"释迦牟尼、观音、文殊"造像 3 尊，就势而琢。始凿年代不详。因自然脱落及人为破坏，造像严重受损，现仅存释迦牟尼、观音部分，周边石壁上有少量彩色图画。"三佛"构图严谨，线条流畅，形象生动，肃穆泰然，是金沙县唯一留存的古代摩崖造像，造像深刻阐释了佛教文化在黔西北地区宗教文化传播的有效路径与宗教发展的表现方式，同时也体现地方百姓在宗教文化信仰上的情感属性，展示了早期地方工匠在石雕艺术上的技艺水平。

金沙岩孔观音洞摩崖佛像地处晚期华夏系波伏褶皱及压轴性走向断层正安古拱折断束石灰岩溶地貌，佛像所在岩体结构稳固。佛像所处自然岩洞，有源于岩体裂隙渗水及自然降雨导致的面流水，洞内阴暗潮湿，常年自然开放状态，自然风吹蚀，导致洞内摩崖造像存在不同程度的风化，其中释迦牟尼像、观音像风化程度相对较轻，而另外 1 尊像风化程度严重，像身难以辨识。金沙岩孔观音洞摩崖佛像无专职安全保卫机构及人员，安防、消防和防雷系统均未建设，处于自然开放状态，无用于文物保护、展示和游客服务的管理服务设施。

目前，该地区在石窟寺（摩崖造像）保护工作中存在的突出问题是严重缺乏具有石质文物保护和研究的专业技术人员及科学的保护手段。"十四五"期间的主要工作任务是在完成数字测绘的基础上完善石窟寺和摩崖造像电子档案，力争启动石质文物防风化保护工程项目。

十二、金沙石场大宝洞壁画

（一）基本情况

1. 地理位置

行政区域：贵州省毕节市金沙县石场苗族彝族乡。

地理方位：位于石场苗族彝族乡文兴村大宝洞组大宝飞云洞内，坐南向北，偏西30°。

地理坐标：北纬 27°35′22.1″，东经 106°00′10.6″。

海拔高度：1071.8 米。

2. 地质状况

金沙石场大宝洞壁画所在，属晚期华夏系波伏褶皱及压轴性走向断层正安古拱折断束石灰岩溶地貌。

造像所在区域地面温度，年均最高 16.3℃，最低 14.3℃。年降水量充沛，但分布不均，多年平均降水量为 1026 毫米，平均相对湿度为 81.4%，年平均日照时数为 1051.1 小时，多年平均无霜期 316.9 天。

属亚热带湿润季风雨热同季气候区，气候温和，四季分明，无霜期长，昼夜温差大，夏多伏旱，冬多云雾。每年进入雨季通常为 4 月至 5 月，降水量和降水强度都明显改变。入秋，由于地形作用，冷空气常滞留上空，经常阴雨连绵，可长达月余。

灾害性天气主要有旱灾、冰雹、倒春寒、雷暴雨、秋绵雨、秋风、雪凝等，地质灾害主要有滑坡、崩塌、地裂缝、泥石流、地面塌陷等。

3. 历史沿革

年代：清代，具体开凿时间不详。

4. 造像概况

金沙石场大宝飞云洞原利用天然洞穴进行造像，洞内原有摩崖造像数尊，因自然脱落及 20 世纪 70 年代人为破坏，造像严重受损，现仅存与造像主体相关的部分造像残迹，以及壁题。金沙石场大宝洞壁画位于大宝飞云洞二号洞顶，面积约 5 平方米，由红、黄、蓝、白等颜色绘成错落有致的云朵。壁画所在洞窟下有香台，台上供奉约 10 尊佛像，壁画、天然溶洞、各尊佛像形成小型石窟寺庙，面积约 12 平方米。大宝飞云洞一号穴前左岩

金沙石场大宝飞云洞

壁上有 2 处摩崖题记尚存，保存一般。

（二）外观

1. 总体布局

位于石场苗族彝族乡文兴村大宝飞云洞二号洞顶，面积约 5 平方米，由红、黄、蓝、白等颜色绘成错落有致的云朵。

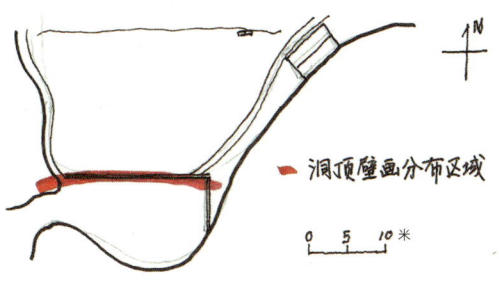

金沙石场大宝洞壁画总平面图

2. 窟前建筑、窟檐遗迹和寺院遗址

洞前有大宝飞云洞牌坊及砖混结构建筑。

（三）内容

1. 造像、彩塑及壁画等

金沙石场大宝洞壁画遗存为"祥云"彩塑，位于洞顶，面积约 5 平方米，以红、黄、蓝、白等颜色相间的灰塑祥云纹饰为主。立身洞内抬头看，犹如天空飘过的彩云，非常壮观。

金沙石场大宝洞壁画

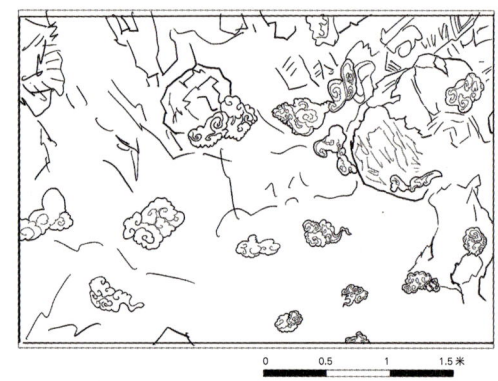
金沙石场大宝洞壁画图

2. 题记、碑刻铭文及其他附属文物

在大宝飞云洞一号洞穴前左岩壁上尚存摩崖石刻，包括"恩师宋公讳昌兰大人扩修大宝洞纪念"序及"飞云洞续序"，均竖向阴刻楷书。

另有壁题，其中一方壁题距地面约8米，横向阴刻楷书"又一天"3字；另一方为洞壁上横向书写朱红"三霄洞"3字。

金沙大宝飞云洞摩崖石刻

（四）主要风险及成因分析

1. 洞窟岩体结构失稳

无洞窟岩体结构失稳现象。

2. 岩体表层风化

因造像易接触空气、水分及受风力影响，存在粉末状风化、开裂起翘及空鼓、风化裂隙切割等风化现象。

"三霄洞"壁题

3. 水害

壁画位于大宝飞云洞二号洞顶，洞较干燥，受自然因素影响也较小，未发现水害现象。

4. 生物病害

壁画位于大宝飞云洞二号洞顶，且洞较干燥，未发现明显生物病害。

5. 自然灾害

经实地调查，发现洞较干燥，受自然因素影响也较小。

6. 其他风险

经实地调查，壁画位于大宝飞云洞二号洞顶，人很难触摸得到，几乎没有人为破坏，未发现存在明显其他风险。

（五）保护管理状况

1. 保护级别和公布时间

保护级别：市县级文物保护单位。
公布时间：2006年7月8日。

2. 保护范围和建设控制地带

尚未划定保护范围和建设控制地带。

3. 保护管理机构设置

保护管理机构：金沙县文化遗产保护中心。
上级管理单位：金沙县文体广电旅游局。

4. 保护管理机构的人员、编制和主要专业人员

人员总数4人，编制总数7人。本科学历3人，本科以下学历1人。专业技术人员（高级职称）1人。

5. 文物保护规划和已开展的文物保护工作

尚未开展文物保护规划和文物本体保护工作。

6. 开放情况和主要服务设施

对外开放，预约参观。无用于文物保护、展示和游客服务的管理服务设施。

（六）安全防范状况

1. 安全保卫机构设置和人员情况

无安全保卫机构，但有1名安全保卫人员。

2. 安防、消防和防雷系统的建设、安装与运行情况

均未建设和安装。

3. 21世纪以来发生的安全事故、石雕造像被盗案件情况

未发生上述情况。

（七）小结

金沙石场大宝飞云洞原为石窟寺，窟内原有摩崖造像数尊，因20世纪70年代时摩崖造像严重受损，此后洞窟内仅存造像残迹、摩崖题记、佛雕像及香台等。金沙石场大宝洞壁画位于大宝飞云洞二号洞顶，由红、黄、蓝、白等颜色绘成错落有致的云朵。壁画所在洞窟下有香台，台上安置约10尊佛像，壁画、天然溶洞、各尊佛像形成小型石窟寺庙，面积约12平方米。在大宝飞云洞一号穴前左岩壁上有两处摩崖题记尚存，保存一般。该处石窟寺造像在贵州省内极为少见，艺术表现形式独特，绘制手法成熟，其进一步丰富了贵州省石窟文化艺术表达手段的多样性，同时造像相关文物也恰当地与其呼应，极富欣赏价值。

金沙石场大宝飞云洞所在属晚期华夏系波伏褶皱及压轴性走向断层正安古拱折断束石灰岩溶地貌，所在岩体结构稳固。壁画位于大宝飞云洞二号洞顶，人很难触摸得到，几乎没有人为破坏，且洞较干燥，受自然因素影响也较小，除因造像接触空气、水分及受风力影响存在粉末状风化、开裂起翘及空鼓、风化裂隙切割等风化现象外，无其他风险。壁画对外开放，预约参观。无用于文物保护、展示和游客服务的管理服务设施。无专属安全保卫机构，但有1名安全保卫人员。安防、消防和防雷系统均未建设。

目前，该地区在石窟寺（摩崖造像）保护工作中存在的突出问题是严重缺乏具有石质文物保护和研究的专业技术人员及科学的保护手段。"十四五"期间的主要工作任务是在完成数字测绘的基础上完善石窟寺和摩崖造像电子档案，力争启动石质文物防风化保护工程项目。

十三、石阡华峰寺摩崖造像

（一）基本情况

1. 地理位置

行政区域：贵州省铜仁市石阡县坪地场乡。
地理方位：位于坪地场乡汪河村老屋基村民组北侧200米处山岭一崖壁上，坐东向西。
地理坐标：北纬27°36′17.3″，东经108°23′58.3″。
海拔高度：845.5米。

2. 地质状况

石阡华峰寺摩崖造像位于石阡县北部的坪地场乡汪河村老屋基村民组北侧半山中，佛像西面为大山，东面山脚为凯峡河谷，地处武陵山脉西南边缘。地处龙川河东南面各支流源头及沅江支流的源头，为白云岩沉积地层。

县境地处中亚热带区，具有明显的中亚热带季风性湿润气候特征，雨热同季，暖湿共节，冬无严寒，夏少酷暑，春秋温凉；又因阴雨日数较多，光照时数少，伏旱频繁。倒春寒、绵雨、秋风等灾害性天气时有发生。年平均气温16.8℃，年平均降水量1121毫米，年平均日照时数1233.2小时，全年无霜期303天。灾害性天气主要有春寒、夏旱、暴雨、冰雹、凝冻等。

石阡华峰寺摩崖造像东向环境现状

3. 历史沿革

年代：明代，具体时间不详。

据1992年《石阡县志》记载，汪河石窟位于汪河乡水塘坡上老屋基北侧，距城30余千米，窟高2.7米，宽9米，有板状岩石两块盖满窟顶，内有如来、弥勒、替痛、燃灯4座大石佛像，全系利用窟内天然岩石形象加以人工雕琢而成，在弥勒、替痛佛之间，另供人工雕刻的小佛像2尊。

相传此处原无石窟，明万历年间，石阡人杨维钥（云南曲靖知府）之母冯氏死后，卜葬于窟地上，墓井竣工之夜，忽然雷雨大作，冲平基井，露出石窟佛像。杨氏对此偶然现象惊为神迹，不敢侵犯，遂另择葬于窟南侧约百米处，并在石窟旁建"华峰寺"。

1949年后，寺毁，石窟中三大佛像头部被打坏，仅燃灯佛像大致保持原状。小佛仍完好。

4. 洞窟概况

洞窟为半山凸出岩上开凿而出的窟龛，窟龛为独立一窟。窟中摩崖造像6尊，其中5尊佛像位于窟龛正面，3尊面朝西，2尊小佛面朝正中。另有1尊佛像位于窟龛左侧岩壁。

（二）外观

1. 总体布局

石窟坐落在距老屋基村民组200米的北侧半山中，坐西向东，西面为大山，东面山脚为凯峡河谷，前6米处有两棵百年松树。窟龛为独立一窟。窟中摩崖造像6尊，其中5尊佛像位于窟龛正面，3尊面朝西，2尊小佛则是面朝正中。另有1尊佛像位于窟龛左侧岩壁。

2. 窟前建筑、窟檐遗迹和寺院遗址

明隆庆年间，建华峰寺以供。20世纪60年代，人为损毁3座佛像，华峰寺被撤，遗址不存。窟檐为天然的石板平铺。

（三）内容

1. 形制

在岩石上开凿窟，窟顶为整块石板平铺，窟高2.7米，宽9米。

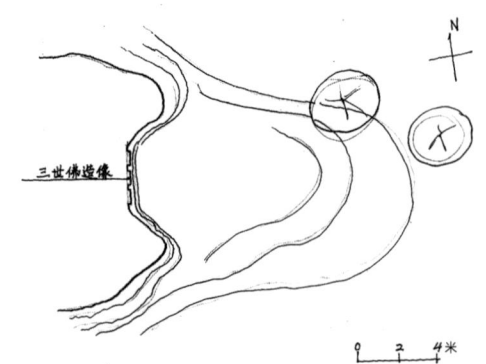

石阡华峰寺摩崖造像总平面图

2. 造像、彩塑及壁画等

洞窟为半山凸出岩上开凿而出的窟龛，窟龛为独立一窟。窟中摩崖造像 6 尊，其中 3 尊佛像位于窟龛正面，志书上记载从左到右分别是燃灯、如来、弥勒，但现因残损严重，无法辨清，以方位称。北侧（燃灯大师）造像位置较之稍低，跣足，半跏趺坐，面朝南，面部表情尚能分辨。中间（如来）、南侧（弥勒）造像同高，盘腿而坐，上半身及头部因残损严重，无法辨清。在中间（如来）两侧 2 尊立着的小佛像，面朝中间（如来）站着，手中似乎提着什么，残损严重，分辨不清。另有 1 尊佛像位于窟龛左侧岩壁，造像为替痛佛。

3. 题记、碑刻铭文及其他附属文物

未发现题记、碑刻铭文及其他附属文物。

（四）主要风险及成因分析

1. 洞窟岩体结构失稳

无洞窟岩体结构失稳现象。

2. 岩体表层风化

华峰寺窟内各造像均有严重风化，风化类型以风化裂隙切割、差异性风化和开裂、起翘为主。病因主要为岩体材质不均，受风雨侵蚀、毛细水等环境影响，导致石体发生差异性风化，风化造成的裂隙又进一步对岩体造成切割。

3. 水害

崖檐为天然石板覆盖遮挡造像，岩体内部有微小裂隙渗水导致造像起翘、空鼓等病害。

石阡华峰寺摩崖造像

石阡华峰寺摩崖造像图

4. 生物病害

造像表面及周边崖壁上有明显的石藓分布，其成因为岩壁裂隙水下渗形成湿水环境滋生石藓。

5. 自然灾害

经实地调查，未发现该处摩崖造像存在明显自然灾害风险。

6. 其他风险

经实地调查，未发现该处摩崖造像存在明显其他风险。

（五）保护管理状况

1. 保护级别和公布时间

尚未核定公布为文物保护单位的不可移动文物。

2. 保护范围和建设控制地带

因石阡华峰寺摩崖造像为未定级文物点，暂未划定保护范围和建设控制地带。

3. 保护管理机构设置

保护管理机构：石阡县文化事业工作中心。
上级管理单位：石阡县文体广电旅游局。

4. 保护管理机构的人员、编制和主要专业人员

人员总数10人，编制总数10人。本科学历3人，本科以下学历7人。专业技术人员（初级职称）4人。

5. 文物保护规划和已开展的文物保护工程

尚未开展文物保护规划和文物本体保护工程。

6.开放情况和主要服务设施

自然开放。无用于文物保护、展示和游客服务的管理服务设施。

（六）安全防范状况

1.安全保卫机构设置和人员情况

无安全保卫机构和安全保卫人员。

2.安防、消防和防雷系统的建设、安装与运行状况

均未建设和安装。

3.21世纪以来发生的安全事故、石雕造像被盗案件情况

未发生上述情况。

（七）小结

石阡华峰寺摩崖造像是在半山凸出岩上开凿而出的窟龛，保存较差，残损严重。开凿的具体年代不详，相传明万历年间，石阡人杨维钥（云南曲靖知府）之母冯氏死后，卜葬于窟地上，墓井竣工之夜，忽然雷雨大作，冲平基井，露出石窟佛像。杨氏对此偶然现象惊为神迹，不敢侵犯，遂另择葬于窟南侧约百米处，并在石扇旁建"华峰寺"。窟顶为整块石板平铺，窟高2.7米，宽9米。窟中摩崖造像6尊，其中5尊佛像位于窟龛正面，3尊面朝西，2尊小佛则是面朝正中。另有1尊佛像位于窟龛左侧岩壁。华峰寺摩崖造像是铜仁地区唯一的石窟寺，是佛教在铜仁地区的有力见证，丰富了贵州的佛教文化，展示了清时期今铜仁地区的匠作技艺。

石阡华峰寺摩崖造像所在地处龙川河东南面各支流源头及沅江支流的源头，为白云岩沉积地层。岩体结构稳固。因岩体材质不均，受风雨侵蚀、毛细水等环境影响易于风化。岩壁裂隙水下渗形成湿水环境，造像表面及周边崖壁上有明显的石藓分布。自然开放，无用于文物保护、展示和游客服务的管理服务设施。无专属安全保卫机构和人员。安防、消防和防雷系统均未建设。

目前，石阡华峰寺摩崖造像保护存在的突出问题是严重缺乏具有石质文物保护和研究的专业技术人员。"十四五"期间的主要工作任务是在完成数字测绘的基础上完善石窟寺和摩崖造像电子档案，力争启动石质文物防风化保护工程项目。

十四、兴义菩萨洞岩溶造像

（一）基本情况

1. 地理位置

行政区域：贵州省黔西南布依族苗族自治州兴义市泥凼镇。
地理方位：位于泥凼镇泥凼社区沈家坡组龙荫大山半山腰菩萨崖，坐西南向东北。
地理坐标：北纬 24°50′34.2″，东经 104°51′24.3″。
海拔高度：1425 米。

2. 地质状况

兴义菩萨洞岩溶造像坐落在兴义市泥凼镇泥凼社区沈家坡组龙荫大山半山腰菩萨崖，所在兴义市属典型的锥状喀斯特中山峰丛山地地貌，出露地层复杂多样。兴义菩萨洞岩溶造像所在的龙荫大山为二叠系地层，处云贵高原向广西丘陵过渡的斜坡地带边沿，地势西北高，东南低，山峦起伏、河流纵横，喀斯特地貌发育良好。地区最高点在七舍镇西部白龙山上，海拔高程 2207 米，最低点在东南部巴结镇清水河与南盘江汇合处，海拔高程 630 米，平均

菩萨洞环境现状

海拔1322米。山地区面积占61.4%，丘陵区面积占29.9%，山间平坝区面积占8.7%，生态环境条件优越，自然资源极其丰富。因处于黔、滇、桂三省交会处，被地质学家誉为中国的"金三角"。

兴义菩萨洞岩溶造像所在区域属亚热带山地季风湿润气候，夏无酷暑，冬无严寒，雨量充沛，湿度大，日照多，无霜期长。大部分地区年均气温16.3℃，冬季平均气温8.6℃，1月平均气温为7.7℃，7月平均气温22.2℃。雨热同季，年降水量在1300～1600毫米。全年日照1300～1500小时，日照百分率32%～34%。无霜期为275～334天。

3. 历史沿革

年代：清代、民国。

凿刻于清光绪年间。乡人捐资凿石铺路，并利用钟乳石的自然形态，雕成佛像数尊，因名"菩萨洞"。1937年，泥凼乡绅王治明，在洞内设馆授童时聘请石工3人，历时2年，在洞内白石壁和钟乳石上，雕了不少形象生动的飞禽走兽及佛像。

4. 造像概况

兴义菩萨洞岩溶造像位于菩萨崖溶洞内，以此洞为龛，洞内有溶洞造像10尊。主要造像包括文殊菩萨、观音菩萨、弥勒佛像等，造像高0.25～1.56米。各尊菩萨造像著衣持钵，或跣足盘坐于莲台之上，或自然端坐，菩萨头戴冠帽，身着广袖袍，拱鼻大耳，发披于肩，神态端庄。弥勒佛像卧于石上，神情欢快，轻松自然。除菩萨、弥勒佛造像外尚有约1.5米高、0.4米长圆雕石狮，以及龙、鹿、猴、象、桃、牡丹等不同寓意的动植物造像，雕刻精美、惟妙惟肖，富有灵性。此外，二层洞口地面留有原栏杆卯口8眼。

（二）外观

1. 总体布局

兴义菩萨洞岩溶造像坐落在泥凼镇泥凼社区沈家坡组龙荫大山半山腰菩萨崖，溶洞洞口坐西南向东北，洞口外陡峭险峻即为悬崖，该溶洞北面为刀砍子组，南面至沈家坡，西面为至风坡湾、仓更的道路，东面为龙荫大山山脉。

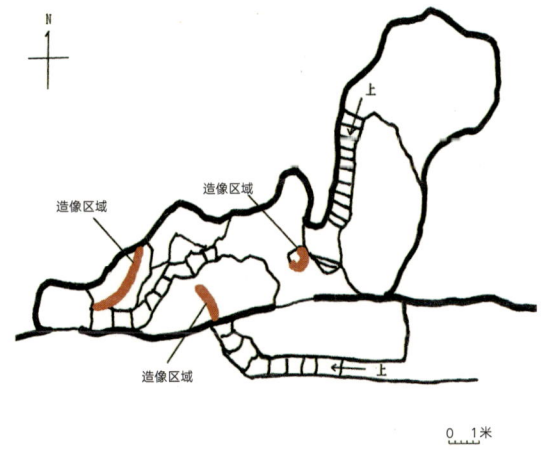

兴义菩萨洞岩溶造像总平面图

2. 窟前建筑、窟檐遗迹和寺院遗址

没有发现窟前建筑、窟檐遗迹和寺院遗址。

（三）内容

1. 造像、彩塑及壁画等

兴义菩萨洞岩溶造像无彩塑、壁画，但因喀斯特溶洞岩石岩性特征而使部分造像有岩石本身色彩。洞内分四厅，厅与厅之间高 2～3 米。第一厅为通道，第二厅长、宽各 5 米余，在洞左的钟乳丛中，凿刻石象 1 只，象背承托盘龙 1 条，直达洞顶。第三厅石壁上有 1 支洞，阳光由此射进，厅内明静清幽。右侧壁上，刻有高 1.12 米的石佛 1 尊，端坐莲台。石佛右侧，又依岩石形态，雕有奔腾跳跃的雄狮 1 只。厅中钟乳柱上，有一手执双铜的武士骑在昂首石狮上。武士头部被毁，造像残高 1.56 米。第四厅刻一神态自如、手捧净瓶的慈航大士坐于莲台上。厅后壁长 5.7 米、高 1.7 米的白云石上，用透雕与浮雕相结合的工艺，刻成龙、狮、虎、豹、猴、鹿、鹰、鹤、雀、燕等动物群像，以及莲花牡丹等花卉。

2. 题记、碑刻铭文及其他附属文物

兴义菩萨洞岩溶造像多以溶洞内天然形成的洞内石笋、石幔、石钟乳等溶洞景观进行雕刻，均以人物、兽类为题材，并未发现题记、碑铭文等附属文物。

（四）主要风险及成因分析

1. 洞窟岩体结构失稳

兴义菩萨洞岩溶造像地处相对海拔高处的半山腰，为自然开放环境，常有人类活动，导致岩溶造像不同程度受人为破坏。洞内多处动物、人物造型的造像在常年湿润、水分及多风气候影响下而出现溶蚀现象，这一现象由洞内向洞外逐渐加剧，8 尊造像像身整体受溶蚀程度较重。

兴义菩萨洞岩溶造像　　　　　　　　　　兴义菩萨洞岩溶造像图

洞内狮子造像　　　　　　　　　　　　　洞内狮子造像图

2. 岩体表层风化

因受常年湿润多风气候影响，加之洞内裂隙渗水导致溶内湿度较高，加剧了共 10 尊造像不同程度风化，主要为粉末状风化与差异风化，其中 6 尊造像人物神态和石兽身形面型难以完整清晰辨识。

3. 水害

兴义菩萨洞岩溶造像所在溶洞属典型喀斯特岩溶地貌，因湿润气候、雨水等作用，导致溶洞内地下水渗出、面流水、裂隙渗水现象极易作用于岩溶造像本体。

4. 生物病害

兴义菩萨洞岩溶造像溶洞内空气湿度大，溶洞所在山体植被茂密，水分充足，导致菩萨洞内 5 尊岩溶造像存在不同程度的藓类附着这一生物病害现象。

5. 自然灾害

兴义菩萨洞属典型喀斯特溶洞，溶洞洞内顶部及周边极易有落石，存在安全隐患。

6. 其他风险

未发现其他风险。

（五）保护管理状况

1. 保护级别和公布时间

保护级别：市县级文物保护单位。
公布时间：1985年12月13日。

2. 保护范围和建设控制地带

尚未划定保护范围和建设控制地带。

3. 保护管理机构设置

保护管理机构：兴义市文物保护管理所。
上级管理单位：兴义市文体广电旅游局。

4. 保护管理机构的人员、编制和主要专业人员

人员总数5人，编制总数5人。本科学历4人，本科以下学历1人。专业技术人员5人。

5. 文物保护规划和已开展的文物保护工作

尚未开展文物保护规划和文物本体保护工作。

6. 开放情况和主要服务设施

自然开放，自由参观。无用于文物保护、展示和游客服务的管理服务设施。

（六）安全防范状况

1. 安全保卫机构设置和人员情况

无安全保卫机构，但有文物保护员。

2. 安防、消防和防雷系统的建设、安装与运行情况

均未建设和安装。

3. 21世纪以来发生的安全事故、石雕造像被盗案件情况

未发生上述情况。

（七）小结

兴义菩萨洞岩溶造像坐落在泥凼镇泥凼社区沈家坡组龙荫大山半山腰菩萨崖，凿刻于清光绪年间，乡人捐资凿石铺路，并利用钟乳石的自然形态，洞内共计岩溶造像10尊，利用洞内石笋、石幔、石钟乳，雕刻石像数尊，包括文殊菩萨、观音菩萨造像，石狮、浮雕鹿、虎、猴、象、龟等动物岩溶造型，雕刻精美、惟妙惟肖，富有灵性。此外，二层洞口地面留有原栏杆卯口，内容丰富、形象生动、手法精湛。

菩萨洞岩溶造像所在属典型的锥状喀斯特中山峰丛山地地貌，为二叠系地层。地属亚热带山地季风湿润气候，夏无酷暑，冬无严寒，雨量充沛，湿度大，日照多，无霜期长，造像受不同程度风化。溶洞所在山体植被茂密，水分充足，导致菩萨洞内5尊岩溶造像存在不同程度的藓类附着这一生物病害现象。溶洞洞内顶部及周边极易有落石。自然开放，无用于文物保护、展示和游客服务的管理服务设施。无专属安全保卫机构，但有文物保护员。安防、消防和防雷系统均未建设。

菩萨洞岩溶造像目前存在的突出问题是未编制文物保护规划，地理环境复杂艰险，文物保护管理难度大，文物病害现象明显，难以及时高效地开展文物的保护展示和利用工作；同时，缺乏具有石质文物保护和研究知识的专业技术人员。"十四五"期间的主要工作任务是在完善石窟寺和摩崖造像电子档案基础上，尽快编制文物保护规划，力争启动石质文物防风化保护工程项目。

十五、普安观音洞摩崖造像

（一）基本情况

1. 地理位置

行政区域：贵州省黔西南布依族苗族自治州普安县南湖街道。
地理方位：位于南湖街道十里村北观音洞。
地理坐标：北纬 25°46′26.6″，东经 104°55′30.9″。
海拔高度：1712.5 米。

2. 地质状况

普安观音洞摩崖造像所在为典型的侵蚀地貌，属二叠系阳兴组灰岩。

属亚热带季风湿润气候，其特点是四季分明，雨热同季，春秋温和，冬无严寒，夏无酷暑。多年平均气温 13.79℃，1 月平均气温 4.69℃，极端最低气温 -6.9℃（1977 年 2 月 9 日），7 月平均气温 20.7℃，极端最高气温 35.1℃（1994 年 5 月 1 日）。最低月均气温 -2.2℃（2008 年 2 月），最高月均气温 26.8℃（2011 年 8 月）。平均气温年较差 16.1℃，最大日较

普安观音洞摩崖造像环境

差23.3℃（2006年3月17日）。生长期年平均280天，无霜期年平均290天，最长达348天，最短为234天。年平均日照时数1528.3小时，年总辐射103.25千卡/平方厘米。0℃以上持续期298天（一般为3月1日至12月1日）。年平均降水量1395.3毫米，年平均降雨日数为227天，最多达271天（1984年）。极端年最大雨量1841.3毫米（1983年），极端年最少雨量668.3毫米（2011年）。降雨集中在每年6月至8月，6月最多。

主要自然灾害有干旱、洪涝、风雹、凝冻、倒春寒、秋风、秋季低温绵雨等。

3. 历史沿革

年代：清代。

据《普安县志》记载，观音洞石窟位于城西4千米，青龙山麓的观音岩中部。洞口南向，深约30米，洞口阔约7米。洞外翠色掩映、古藤攀缠；洞中钟乳石如佛如仙，嵯峨秀逸。清乾隆四十八年（1783），普安县正堂慕该洞景致，与众邑绅者捐款修葺，在洞门两旁依崖造像，透雕二龙戏珠，于清流轻抹的岩壁上阴刻"甘露泉"3字，尺许处有石槽如葫芦状，积一泓清水，四时不竭，阴刻有"龙饮池"3字，系楷书。洞壁上浮雕佛像，洞底浮雕观音打坐莲台像。遂建真武庙于岩畔。洞内洞外，香火四时不绝，时人誉为"佛洞钟灵"。民国年间，又被拟为普安八景之一。如今，寺庙亭阁及浮雕佛像虽遭毁损，仍不失为旅游消闲的胜地。

4. 洞窟概况

二龙戏珠造像1组。

（二）外观

1. 总体布局

观音洞洞口南向，深约30米，洞口阔约7米。造像位于洞口月弓门两侧崖壁上，离地2.3米。高3米，宽5米。

2. 窟前建筑、窟檐遗迹和寺院遗址

未发现窟前建筑、窟檐遗迹和寺院遗址。

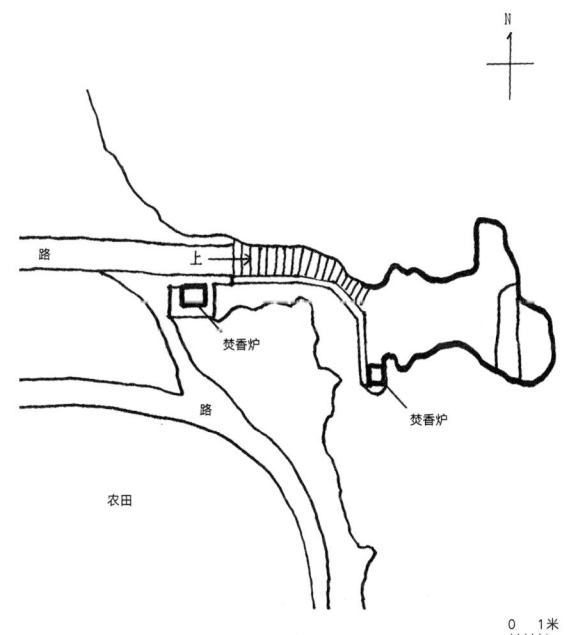

普安观音洞摩崖造像总平面图

（三）内容

1. 造像形制、彩塑及壁画等

二龙戏珠造像 1 组，两条龙身上都有彩绘，西侧龙身上的彩绘主要是红蓝色，东侧龙身上的彩绘主要是黄蓝色。龙口张着。中间的珠子周围有云纹。

普安观音洞摩崖造像

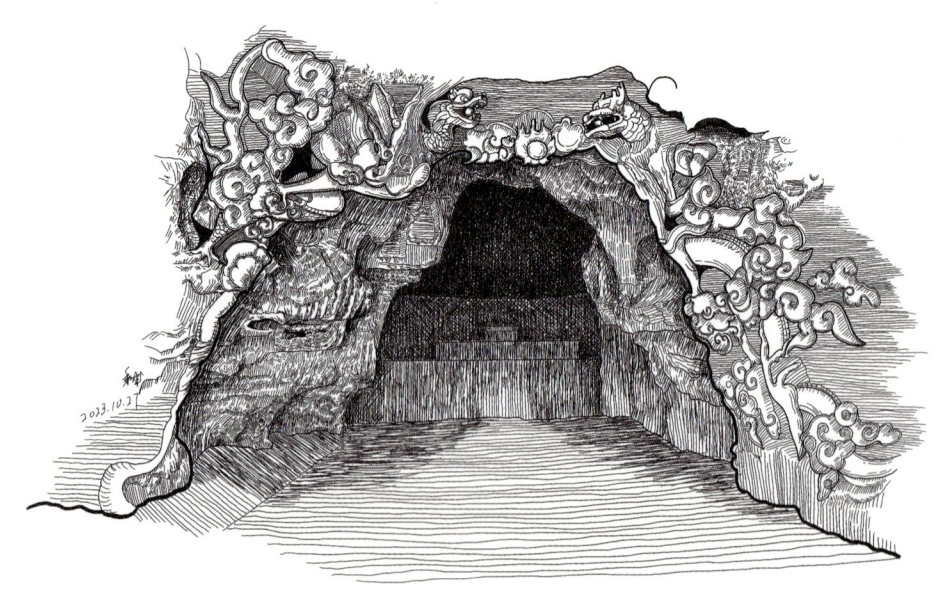

普安观音洞摩崖造像图

摩崖造像（北侧局部）　　　　　　　　　　　　摩崖造像（南侧局部）

2. 题记、碑刻铭文及其他附属文物

未发现题记、碑刻铭文及其他附属文物。

（四）主要风险及成因分析

1. 洞窟岩体结构失稳

无洞窟岩体结构失稳现象。

2. 岩体表层风化

存在风化病害，病害类型为粉末状风化和差异性风化。

3. 水害

未见水害。

4. 生物病害

未见生物病害。

5. 自然灾害

无自然灾害。

6. 其他风险

村民祭祀，在洞口处焚香烧纸，对造像有一定的影响，造像上大部分都有火烟痕迹。

（五）保护管理状况

1. 保护级别和公布时间

保护级别：市县级文物保护单位。
公布时间：1986年12月27日。

2. 保护范围和建设控制地带

尚未划定保护范围和建设控制地带。

3. 保护管理机构设置

保护管理机构：普安县文物局（代管）。
上级管理单位：普安县文化广电旅游局。

4. 保护管理机构的人员、编制和主要专业人员

人员总数5人，编制总数10人。本科学历3人，本科以下学历2人。无专业技术人员。

5. 文物保护规划和已开展的文物保护工程

尚未开展文物保护规划和文物本体保护工程。

6. 开放情况和主要服务设施

自然开放。无用于文物保护、展示和游客服务的服务设施。

（六）安全防范状况

1. 安全保卫机构设置和人员情况

无安全保卫机构，但有文物保护员。

2. 安防、消防和防雷系统的建设、安装与运行状况

均未建设和安装。

3. 21世纪以来发生的安全事故、石雕造像被盗案件情况

未发生上述情况。

（七）小结

普安观音洞摩崖造像凿于清乾隆四十八年（1783），是二龙戏珠造像，于洞口月弓门两侧崖壁上，两条龙身上都有彩绘，西侧龙身上的彩绘主要是红蓝色，东侧龙身上的彩绘主要是黄蓝色。龙口张着。中间的珠子周围有云纹。具有一定的历史、艺术和科学价值。

观音洞造像所在为典型的侵蚀地貌，地质结构整体稳定，造像区为石灰岩，除接触空气、水分及受风力影响存在粉末状风化和差异性风化，无其他自然风险。每年农历二月十九、六月十九、九月十九日，周边村民多到此洞祭祀。在洞口处焚香烧纸，对造像有一定的影响，造像上大部分都有火烟痕迹。自然开放，无用于文物保护、展示和游客服务的管理服务设施。

按照"四有"工作要求，安置了保护标志，虽无专职安全保卫机构，但有文物保护员。安防、消防和防雷系统均未建设。

目前存在的突出问题是严重缺乏具有石质文物保护和研究的专业技术人员。"十四五"期间的主要工作任务是在完成数字测绘的基础上完善石窟寺和摩崖造像电子档案。

十六、晴隆盘江桥石刻群

（一）基本情况

1. 地理位置

行政区域：贵州省黔西南布依族苗族自治州晴隆县光照镇。

地理方位：位于光照镇东方红村半坡塘组北盘江江畔，坐西向东。

地理坐标：北纬 25°51′28.6″，东经 105°22′12.4″。

海拔高度：586.9 米。

2. 地质状况

北盘江属珠江流域北盘江水系，发源于云南省曲靖市沾益区马雄山西北坡。流经宣威至都格进入贵州，又经高家渡、毛口渡、盘江桥、花江桥、百层渡，至蔗香与南盘江汇合。北盘江干流全长 442 千米，贵州境内 327 千米。蜿蜒穿行于云贵高原群山之中的北盘江，河面狭小，滩险重重，水流湍急。北盘江河谷多为"V"形峡谷，两岸坡度陡峻，多悬崖绝壁。北盘江干流流经的区域几乎多以石灰岩等可溶岩为主。晴隆盘江桥石刻群所在河谷段即为石灰岩，峡谷深切达 700 余米，是北盘江切割最深的河段之一，有"抬头一线天，俯首见深渊"之说。

晴隆盘江桥石刻群环境现状

晴隆属温凉湿润的高原亚热带季风气候，年平均气温 14℃，盘江桥与县城莲城镇直线距离很近，但平均气温相差 5.8℃。年平均降水量 1588.2 毫米，但北盘江河谷地形闭塞，处于气流下沉的背风地带，降水偏少，盘江桥年降水量 1233 毫米。河谷石灰岩分布区域多藤刺灌丛等岩溶植被。灾害性天气较多，尤以冰雹和暴雨形成的山洪危害最大。

3. 历史沿革

年代：明代、清代、民国。

晴隆盘江桥石刻群因修建盘江桥而镌刻，内容以反映盘江铁索桥的前世今生为主。盘江桥所经，宋代为茶马互市的市马重要通道，元代以后系湖广通云南大道之一段。有明以降，为了加强对西南地区的统治，特别是巩固云南边防，大力整治元代所开驿道，增设驿、站、递铺，并屯军保护、维修，令沿途土司及府州供养驿道，从而形成以贵阳为中心的稳定的驿道干线。明天启二年（1622），为响应四川永宁宣抚司土司奢崇明，贵州水西宣慰司同知安邦彦也揭竿反明。监军副使朱家民奉命率兵疏通滇黔要道，在北盘江突遇水西兵沙国珍与罗应魁部，仓促间，不得不夜渡北盘江，所幸未溺于水。安全过江后，朱家民指水发誓曰："孔明有澜江铁桥，此渡非铁铸不可。吾不能为铁桥者，以吾身殉。"为建造盘江铁索桥，捐出自为官以来积蓄之所有薪俸，于崇祯元年（1628）开始修建，崇祯三年（1630）年终告竣。晴隆盘江桥石刻群，镌刻年代最早为崇祯元年（1628），最晚者为1931年。建桥者朱家民摩崖造像未见年代题记，当在崇祯三年（1630）盘江桥告竣前后开凿。达摩渡江摩崖造像开凿年代不详。朱家民摩崖造像头部毁于20世纪70年代初。

4. 洞窟概况

共 2 尊造像。朱家民摩崖造像开凿在清同治十三年（1874）镌刻的"铁锁盘江"摩崖石刻下方一外凸岩石上，与古道高差约 20 米。达摩渡江摩崖造像开凿在明崇祯元年（1628）镌刻的"朱氏鼎钟"摩崖石刻北侧古道旁。摩崖石刻 9 方，东岸保存摩崖石刻 4 方，西岸保存摩崖石刻 5 方。碑刻 1 通。

（二）外观

1. 总体布局

造像分别坐落在盘江桥北盘江西岸北侧山崖上，南北相距 80 余米，均坐西向东。

2. 窟外崖面、各洞窟之间的相互关系

朱家民摩崖造像开凿在"铁锁盘江"摩崖石刻下方一外凸岩石上，与古道高差约20米。达摩渡江摩崖造像开凿在"朱氏鼎钟"摩崖石刻北侧古道旁。

3. 窟前建筑、窟檐遗迹和寺院遗址

没有发现窟前建筑、窟檐遗迹和寺院遗址。

（三）内容

1. 洞窟形制

朱家民摩崖造像半圆形龛，高宽各2米许，达摩渡江摩崖造像有拱形龛。

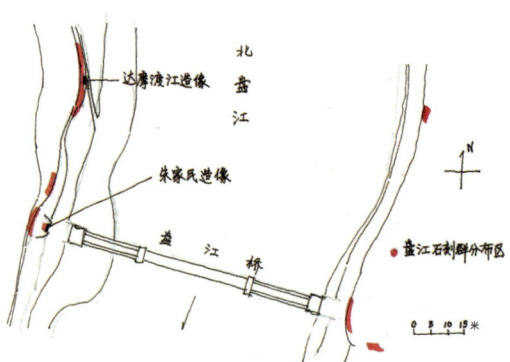

晴隆盘江桥石刻群总平面图

2. 造像、彩塑及壁画等

朱家民摩崖造像，在岩石上开凿窟龛，高宽各2米许，龛顶为圆弧形。朱家民作端坐状，头戴官帽，脚穿官靴，身着广袖长袍，双手重叠放于腿上。朱家民摩崖造像头部毁于20世纪70年代初。

达摩渡江摩崖造像，在岩壁上开凿窟龛，龛顶为圆弧形。造像通高1.9米，底部最宽处1.25米。造像整体毁于20世纪70年代初，现仅存底部表现江浪的残迹。

朱家民摩崖造像　　　　　　　　　　朱家民摩崖造像图

达摩渡江摩崖造像

达摩渡江摩崖造像图

3. 题记、碑刻铭文及其他附属文物

晴隆盘江桥石刻群分布于北盘江桥梁遗址东西两岸，除上述摩崖造像外，东岸保存摩崖石刻 4 方，西岸保存摩崖石刻 5 方、碑记 1 通。

晴隆盘江桥石刻群（局部）

东岸遗存摩崖石刻 4 方

"力挽长河"摩崖石刻，位于东岸崖壁上，离地 1.5 米许，横长方形，高 0.5 米，宽 2 米，横向楷书阴刻，每字 0.4 米见方，施钻鲁题于同治十三年（1874）。

"盘江飞渡"摩崖石刻，位于东岸崖壁上，离地 1.5 米许，横长方形，高 0.8 米，宽 2 米，横向楷书阴刻，每字 0.3 米见方，施钻鲁题于同治十三年（1874）。

"桥横云汉"摩崖石刻，位于东岸崖壁上，离地 2 米许，横长方形，高 0.8 米，宽 2 米，横向楷书阴刻，每字 0.3 米见方，吴用宾题于 1931 年。

盘江桥碑，实为刻在崖上的连山碑，位于桥东 25 米处高 3.5 米、宽 1 米之天然崖壁上。碑高 0.8 米，宽 0.8 米，厚 0.2 米。碑文行书阴刻，13 行，满行 16 字，每字约 0.04 米见方。字迹模糊不清。刻于同治十三年（1874）。

西岸保存摩崖石刻 5 方

西岸遗存"朱氏鼎钟"摩崖石刻，位于西岸崖壁上，离地约 50 米，竖长方形，高 2.1 米，宽约 1 米，竖向楷书阴刻，每字 0.4 米见方，刻于崇祯元年（1628）。许成名、商士杰同撰。"朱氏鼎钟"石壁右方镌有"蜀长寿李芳先战守安普督建连城十三座经书铁索桥千载血汗劳绩永口封疆"32 字。

"在德"摩崖石刻，位于西岸崖壁上，离地约 40 米，横长方形，高 0.5 米，宽 1.5 米，横向楷书阴刻，每字 0.4 米见方，刻于康熙九年（1670）。

"一线缝空"摩崖石刻，位于西岸崖壁上，离地约 30 米，横长方形，高 0.5 米，宽 2.5 米，横向楷书阴刻，每字 0.5 米见方，刻于同治十三年（1874）。

"铁锁盘江"摩崖石刻，位于西岸崖壁上，离地 1.5 米，横长方形，高 0.5 米，宽约 2 米，横向楷书阴刻，每字 0.4 米见方，刻于同治十三年（1874）。

"一派别景"摩崖石刻，位于西岸崖壁上，离地约 30 米，横长方形，高 0.6 米，宽约 2 米，横向楷书阴刻，每字 0.4 米见方，刻于同治十三年（1874）。

"重修盘江铁索桥碑记"碑立于清顺治十七年（1660）。

（四）主要风险及成因分析

1. 洞窟岩体结构失稳

存在岩体结构失稳现象，失稳主控影响因素为人为破坏，长期人类活动导致摩崖造像受到不同程度损毁。

2. 岩体表层风化

摩崖造像本体风化现象严重，多处剥蚀。

3. 水害

存在水害，病害类型为裂隙渗水。

4. 生物病害

存在生物病害，病害类型为植物。摩崖造像因处于湿度较大的自然环境中，周边易生长植物，植物根系的发育对岩体结构稳定性威胁极大。

5. 自然灾害

未见自然灾害。

6. 其他风险

烟熏病害。信众祭祀时，在造像前处焚香烧纸，对造像有一定的影响，造像上大部分都有火烟痕迹。

（五）保护管理状况

1. 保护级别和公布时间

保护级别：全国重点文物保护单位。
公布时间：2013年5月3日。

2. 保护范围和建设控制地带

保护范围面积：13 600平方米。
建设控制地带面积：32 400平方米。
保护范围：西岸以朱家民雕像为中心，东20米抵北盘江岸，南20米抵山脚下，西20米抵山腰，北150米抵山腰；东岸以摩崖"力挽长河"为中心，东20米抵山腰，南150米抵山腰，西20米抵北盘江岸，北20米抵山腰。
建设控制地带：以保护范围外沿为基准点，东、南、西、北30米以内为建设控制地带。

3. 保护管理机构设置

保护管理机构：晴隆县文物管理所。
上级管理单位：晴隆县文体广电旅游局。

4. 保护管理机构的人员、编制和主要专业人员

人员总数1人，编制总数3人。本科以下学历1人。专业技术人员（初级职称）1人。

5. 文物保护规划和已开展的文物保护工程

尚未开展文物保护规划和文物本体保护工程，2015年年初对盘江桥石刻群文物本体周边的杂草和灌丛进行过清理。

6. 开放情况和主要服务设施

开放参观。无用于文物保护、展示和游客服务的管理服务设施。

（六）安全防范状况

1. 安全保卫机构设置和人员情况

无安全保卫机构，但有文物保护员。

2. 安防、消防和防雷系统的建设、安装与运行状况

均未建设和安装。

3. 21世纪以来发生的安全事故、石雕造像被盗案件情况

未发生上述情况。

（七）小结

晴隆盘江桥石刻群因修建盘江桥而镌刻，镌刻年代最早者为崇祯元年（1628），最晚者为1931年。内容以反映盘江铁索桥的前世今生为主。朱家民摩崖造像开凿于明崇祯三年（1630），达摩渡江摩崖造像开凿年代不详，分别坐落在盘江桥北盘江西岸北侧山崖上，南北相距80余米，均坐西向东。据徐霞客《黔游日记》记录，当时的盘江桥"日过牛马千百群，皆负重而趋者"，甚至还能通过大象、骆驼等体大身重的大型动物。因此，盘江桥虽"望之缥缈，然践之则屹然不动"。此外，盘江桥石刻群也是天堑北盘江上命运多舛的盘江桥的历史见证，具有重要的史证价值。

晴隆盘江桥石刻群所在河谷段是北盘江切割最深的河段之一，有"抬头一线天，俯首见深渊"之说。北盘江河谷地形闭塞，处于气流下沉的背风地带，降水偏少，盘江桥年降水量1233毫米。河谷石灰岩分布区域多藤刺灌丛等岩溶植被。灾害性天气较多，尤以冰雹和暴雨形成的山洪危害最大。摩崖造像遭受自然风化侵蚀以及人为破坏严重，朱家民摩崖造像头部毁于20世纪70年代初；达摩渡江摩崖造像整体毁于20世纪70年代初，现仅存底部表现江浪的残迹。

晴隆盘江桥石刻群开放参观，无用于文物保护、展示和游客服务的管理服务设施。信众祭祀时，在造像前处焚香烧纸，故造像上大部分都有火烟痕迹。无专属安全保卫机构，但有文物保护员。安防、消防和防雷系统均未建设。尚未编制文物保护规划，无已开展的文物本体保护工程，仅2015年年初对盘江桥石刻群文物本体周边的杂草和灌丛进行过清理。

晴隆盘江桥石刻群目前存在的突出问题是未编制文物保护规划，难以指导文物的保护展示和利用工作，同时，严重缺乏具有石质文物保护和研究知识的专业技术人员。"十四五"期间主要工作任务是在完善石窟寺和摩崖造像电子档案基础上，尽快编制文物保护规划，力争启动石质文物防风化保护工程项目。

十七、贞丰花江摩崖石刻群

（一）基本情况

1. 地理位置

行政区域：贵州省黔西南布依族苗族自治州贞丰县平街乡。
地理方位：位于平街乡小花江村东北盘江右岸，坐南向北。
地理坐标：北纬 25°41′20.8″，东经 105°36′31.1″。
海拔高度：486.2 米。

2. 地质状况

北盘江属珠江流域北盘江水系，发源于云南省曲靖市沾益区马雄山西北坡。流经宣威至都格进入贵州，又经高家渡、毛口渡、盘江桥、花江桥、百层渡，至蔗香与南盘江汇合。北盘江干流全长 442 千米，贵州境内 327 千米。蜿蜒穿行于云贵高原群山之中的北盘江，河面狭小，滩险重重，水流湍急。北盘江河谷多为"V"形峡谷，两岸坡度陡峻，多悬崖绝壁。北盘江干流流经的区域几乎多以石灰岩等可溶岩为主。贞丰花江摩崖石刻群所在花江峡谷段河段即为石灰岩，峡谷深切近千米，是北盘江切割最深的河段。

北盘江干流花江河谷

北盘江干流花江段环境现状

贞丰属亚热带季风气候，平均气温17℃，平均降水量1200毫升，无霜期288天。但北盘江河谷地带因海拔较低而气温较高，冬季少见霜雪，气候温热。谷地地形闭塞，降水较少，年降水量只有997.8毫米，冬春季蒸发量为降水量的四倍，干旱特别严重。河谷石灰岩分布区域多藤刺灌丛等岩溶植被。

3. 历史沿革

年代：清代。

贞丰花江摩崖石刻群因修建花江铁索桥而镌刻，内容以反映花江铁索桥的前世今生为主。镌刻时间从铁索桥初次建成的光绪二十六年（1900）直至1952年，保存较好的摩崖石刻有20余处，其中包括"蒋炳堂行乐图"摩崖造像。造像虽然没有具体年代，但根据造像题记"炳堂蒋军门行乐图"系贵阳人兴义府训导熊济熙所题，其人所题另一方摩崖石刻"履道坦坦"的款识为"光绪庚子夏"判断，造像时间应该是光绪二十六年（1900）。

4. 洞窟概况

共2尊摩崖造像，包括"蒋炳堂行乐图"摩崖造像和"普陀真境"摩崖造像。紧邻窟龛左上方竖向镌刻小篆阴刻"炳堂蒋军门行乐图"赞和20余处摩崖石刻。

（二）外观

1. 总体布局

摩崖造像坐落在北盘江南岸花江铁索桥西侧30余米山崖凸出的单体石灰岩岩石上，坐南向北。另有"普陀真境""龙王宫"和"山神祠"及圆雕石龙等已经淹没于北盘江梯级电站之一的董箐水电站库区。

2. 窟前建筑、窟檐遗迹和寺院遗址

"蒋炳堂行乐图"摩崖造像前没有窟前建筑、窟檐遗迹和寺院遗址。但在"普陀真境"摩崖造像处原建有庙，后毁。

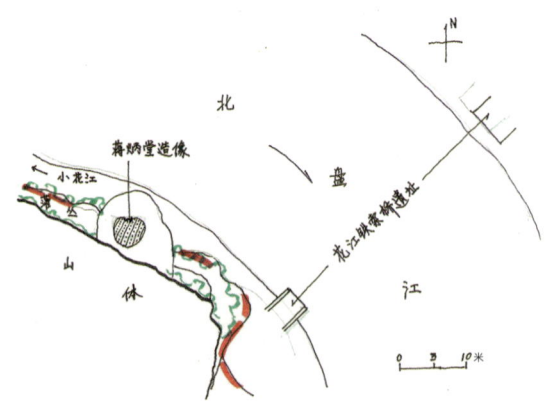

贞丰花江摩崖石刻群总平面图

(三)内容

1. 洞窟形制

在岩石上开凿窟龛,龛顶为圆弧形,通高 1.75 米,宽 1 米。

2. 窟内造像、彩塑及壁画等

"蒋炳堂行乐图"摩崖造像,位于南桥头西侧崖壁上,离地 2 米。龛高 1.48 米,宽 1.16 米,深 1.03 米。像高 1.3 米,宽 0.93 米,作正襟危坐状。龛额篆书阴刻"蒋炳堂行乐图"6 字,每字 0.03 米见方。凿于光绪二十六年(1900)。龛内雕刻蒋炳堂坐像,身着广袖长袍,左臂抬起,手掌靠胸。右手持蒲扇。头部因风化而眉目不清。炳堂其人,名蒋宗汉(1838—1903),字炳堂,云南鹤庆县辛屯乡大福地人,彝族。出身贫寒,因行六,小名绞阿六。清咸丰六年(1856)由武童投效军营,同治初归于曾为和耀曾麾下将领、获代理云南布政使岑毓英赏识的清军滇池营守备杨玉科麾下,每战充先锋。因军功官至副将,赐号著勇巴图鲁。后相继更勇号"图桑阿"、代理腾越镇总兵、授顺云协副将,于清同治十一年(1872)擢升代理提督,赏穿黄马褂。光绪五年(1879)赐头品待遇、任贵州安义镇总兵。光绪二十年(1894)赏双眼花翎,光绪二十六年(1900)调云南任代理提督,光绪二十八年(1902)实授提督还贵州,光绪二十九年(1903)卒于任上,获赐祭葬,谥壮勤,准予建祠。在贵州任职期间整修黔滇驿道、增修盘江铁索桥、创建花江铁索桥并整修连接桥梁的道路。

"蒋炳堂行乐图"摩崖造像(右前)　　　　"蒋炳堂行乐图"摩崖造像(左前)

"蒋炳堂行乐图"摩崖造像（正视）

"蒋炳堂行乐图"摩崖造像图

"普陀真境"摩崖造像，造像 3 尊，分别为观音、山神、龙王造像。观音离地 1.2 米，高 1.2 米，宽 0.8 米，作坐状。山神离地 1.2 米，高 1.2 米，宽 0.8 米，作站立状。龙王离地 2.2 米，高 0.8 米，宽 0.4 米，作站立状。其地原建有庙，后毁，仅存造像 3 尊。凿于光绪二十六年（1900）。现淹没于北盘江梯级电站之一的董箐水电站库区。

3. 题记、碑刻铭文及其他附属文物

紧邻窟龛左上方竖向镌刻小篆阴刻"炳堂蒋军门行乐图"赞，凡 5 行，满行 12 字，系兴义府训导熊济熙题。

其余保存较好的有 20 余处摩崖石刻，包括清光绪二十六年（1900）"建修花江铁索桥记"、光绪二十七年（1901）"重建花江铁索桥记""重修铁索桥功德碑记""炳堂

"普陀真境"摩崖造像图一

"普陀真境"摩崖造像

"普陀真境"摩崖造像图二

蒋公军门大人新建花江桥成纪石""拟筹花江铁索桥岁修规程记""计开章程条例于左"、光绪二十八年（1902）"补修花江路序"、民国"培修花江铁索桥记"、1986年"维修花江铁索桥记"等，还有"履道坦坦""万缘桥""彩虹双映""飞虹""贞丰县北界""花江桥""功成不朽""屹然大观"、1952年"贵州省人民政府交通厅改建"等摩崖石刻。

另有"普陀真境""龙王宫"和"山神祠"及圆雕石龙摩崖石刻和碑记，以记述建桥始末、吟咏铁索桥周边风光、颂扬建桥功德居多。

（四）主要风险及成因分析

1. 洞窟岩体结构失稳

存在结构失稳隐患，失稳主控影响因素为人为破坏和其他因素（差异风化、溶蚀等）。

2. 岩体表层风化

造像本体处江边岩壁上，湿度大，周边岩体植被茂密，导致造像本体风化现象严重，多处剥蚀，进一步致使人物神态和文字难以辨识。

贞丰花江摩崖石刻群（局部）

3. 水害

存在水害，病害类型为裂隙渗水。

4. 生物病害

存在生物病害，病害类型为微生物。

5. 自然灾害

无自然灾害。

6. 其他风险

烟熏病害。

（五）保护管理状况

1. 保护级别和公布时间

保护级别：全国重点文物保护单位。
公布时间：2013 年 5 月 3 日。

2. 保护范围和建设控制地带

保护范围面积：5378.4 平方米。
以古道石板路为基点东西向外 5 米，北至花江铁索桥北岸，南至营盘丫口。
建设控制地带面积：5396.4 平方米。
保护范围外东西南北各 5 米。

3. 保护管理机构设置

保护管理机构：贞丰县文物管理所。
上级管理单位：贞丰县文体广电旅游局。

4. 保护管理机构的人员、编制和主要专业人员

人员总数7人，编制总数7人。本科学历2人，本科以下学历5人。专业技术人员5人。

5. 文物保护规划和已开展的文物保护工程

尚未编制文物保护规划。利用"环境整治工程项目"对文物环境进行了保护。

6. 开放情况和主要服务设施

对外开放，自由参观。无用于文物保护、展示和游客服务的管理服务设施。

（六）安全防范状况

1. 安全保卫机构设置和人员情况

无安全保卫机构，但有文物保护员。

2. 安防、消防和防雷系统的建设、安装与运行状况

均未建设和安装。

3. 21世纪以来发生的安全事故、石雕造像被盗案件情况

未发生上述情况。

（七）小结

贞丰花江摩崖石刻群因修建花江铁索桥而镌刻，内容以反映花江铁索桥的前世今生为主。"蒋炳堂行乐图"摩崖造像，开凿于清光绪二十六年（1900），坐落在北盘江南岸花江铁索桥西侧30余米山崖凸出的单体石灰岩岩石上，坐南向北。"普陀真境"摩崖造像，造像3尊，分别为观音、山神、龙王造像，凿于光绪二十六年（1900）。现淹没于北盘江梯级电站之一的董箐水电站库区。贞丰花江摩崖石刻群印证了清末贵州的交通与经贸发展。

贞丰花江摩崖石刻群所在花江峡段河段，峡谷深切近千米，是北盘江切割最深的河段，多藤刺灌丛等岩溶植被，气候温热，降水较少，干旱特别严重。造像本体风化现象严重，多处剥蚀，导致人物神态和文字难以辨识。裂隙渗水也是主要病害之一。"普陀真境"摩崖造

像因处于北盘江梯级电站之一的董箐水电站库区正常水位线下而被淹。开放参观，无用于文物保护、展示和游客服务的管理服务设施。信众祭祀，造成烟熏病害。无专属安全保卫机构，但有文物保护员。安防、消防和防雷系统均未建设。

贞丰花江摩崖石刻群目前存在的突出问题是未编制文物保护规划，难以指导文物的保护展示和利用工作，同时，严重缺乏具有石质文物保护和研究知识的专业技术人员。"十四五"期间的主要工作任务是在完善石窟寺和摩崖造像电子档案基础上，尽快编制文物保护规划，力争启动石质文物防风化保护工程项目。

十八、册亨观音岩摩崖造像

（一）基本情况

1. 地理位置

行政区域：贵州省黔西南布依族苗族自治州册亨县坡妹镇。

地理方位：位于坡妹镇秧亚村海尾组观音岩崖壁上，坐西南向东北。

地理坐标：北纬 25°08′04.0″，东经 105°49′16.1″。

海拔高度：590.9 米

2. 地质状况

册亨观音岩摩崖造像所在册亨县位于南、北盘江汇入红水河的夹角地带，地形上属黔桂边境的中高山区。沟谷纵横，峰峦起伏，形成了复杂的侵蚀切割强烈的山地地貌。地势西北高，东南低。水系十分发育，比较大的河流有者楼河、百口河、乃言河、大田河等，均分别注入南、北盘江。观音岩摩崖造像所在区域属碳酸盐岩区岩溶地貌，多为岩溶山地、盆地、槽谷、峰丛、溶洞、溶蚀沟、洼地，其中岩溶山地、峰丛、洼地呈大面积分布。

册亨观音岩摩崖造像环境现状

册亨观音岩摩崖造像地处云贵高原向广西丘陵过渡的斜坡带上，地势西北高，东南低，起伏大。区域属亚热带温暖湿润季风气候，年均气温 19.7℃，极端最高气温 36.5℃，极端最低气温为零下 4℃，多年平均无霜期为 345 天，年均降水量 1035 毫米。主要特点是冬无严寒，夏季炎热，夏湿春干，雨热同季，春暖早、秋凉迟。全年日照时数 1514.6 小时。册亨观音岩摩崖造像所在的坡妹镇秧亚村，平均海拔 900 米，水资源匮乏，土壤贫瘠。受亚热带温暖湿润季风气候影响明显，物理和化学风化作用强烈。主要灾害性天气有春旱、倒春寒、伏旱、大风、冰雹、暴雨和冬季凝冻等。

3. 历史沿革

年代：清代。

雕凿于清嘉庆二十三年（1818），造像两侧阴刻对联 1 副，落款为"戊寅年观音岩张石匠"。原在观音造像前建有房屋，20 世纪 70 年代损毁。造像下方西北侧有摩崖石刻 1 方，碑文风化严重，部分可识别出"癸未年两王姓人修观音……"。

4. 造像概况

观音造像 1 尊，为浮雕观音像，高 0.59 米、宽 0.37 米，两侧阴刻对联 1 副。落款为"戊寅年观音岩张石匠"。造像左臂和头部局部损坏。

（二）外观

1. 总体布局

册亨观音岩摩崖造像所在崖壁宽 40 余米，高 5.6 米，观音造像在崖壁中部，像高 0.59 米，宽 0.37 米。

2. 窟前建筑、窟檐遗迹和寺院遗址

原在观音造像前建有房屋，20 世纪 70 年代损毁。

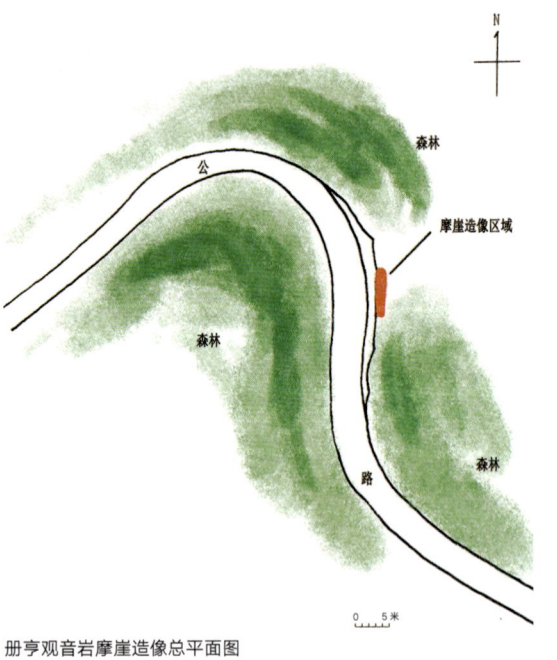

册亨观音岩摩崖造像总平面图

（三）内容

1. 造像、彩塑及壁画等

册亨观音岩摩崖造像又名者王摩崖浮雕观音像，高 0.59 米、宽 0.37 米，观音手托宝瓶，盘坐于莲台上，造型典雅，神态安详。两侧阴刻"救苦观音多显圣；神在须空保万民"对联 1 副，落款为"戊寅年观音岩张石匠"。造像左臂和头部局部损坏。

2. 题记、碑刻铭文及其他附属文物

册亨观音岩摩崖造像两侧的摩崖石刻，竖向阴刻楷书"救苦观音多显圣；神在须空保万民"对联 1 副，款识为"戊寅年观音岩张石匠"。崖壁下立有破损方首抹角石碑 1 通。

册亨观音岩摩崖造像所在崖壁下遗存石柱础一个，高 0.32 米，面径 0.39 米。两方镌图案：一为牛王像，手执三尖叉；另一为星光出巡图。

册亨观音岩摩崖造像全貌

观音造像　　　　　　　　　　　　观音造像图（按：图中缺字为造像实景的反映）

册亨观音岩摩崖石刻

（四）主要风险及成因分析

1. 洞窟岩体结构失稳

册亨观音岩摩崖造像周边处自然山林中，因岩石受风蚀作用、人为影响等，导致观音岩摩崖造像及其周边岩石结构欠稳定。

2. 岩体表层风化

册亨观音岩摩崖造像受自然环境中湿润天气、风、雨水等影响，造像全身及其两侧阴刻铭文存在粉末状风化现象，阴刻铭文因粉末状风化明显而漫漶难识。

3. 水害

册亨观音岩摩崖造像所在岩体呈竖向纵切，因常年雨水、渗水作用，水沿岩体纵切面自然下流而形成面流水，导致册亨观音岩摩崖造像左侧及上部形成土黄色面流水痕。

4. 生物病害

未发现明显的生物病害。

5. 自然灾害

由于册亨观音岩摩崖造像处于自然开放环境中，摩崖造像上部及造像周边岩体结构欠稳定，存在落石风险。

6. 其他风险

册亨观音岩摩崖造像本体面部及左臂疑似可见人为破坏痕迹，残损明显。

（五）保护管理状况

1. 保护级别和公布时间

　　保护级别：市县级文物保护单位。
　　公布时间：1984年。

2. 保护范围和建设控制地带

　　尚未划定保护范围和建设控制地带。

3. 保护管理机构设置

　　保护管理机构：册亨县文物管理所。
　　上级管理单位：册亨县文体广电旅游局。

4. 保护管理机构的人员、编制和主要专业人员

　　人员总数6人，编制总数6人。本科学历2人，本科以下学历4人。专业技术人员6人。

5. 文物保护规划和已开展的文物保护工程

　　尚未编制文物保护规划，无已开展的文物本体保护工程。

6. 开放情况和主要服务设施

　　自然开放。无用于文物保护、展示和游客服务的管理服务设施。

（六）安全防范状况

1. 安全保卫机构设置和人员情况

　　无安全保卫机构和保卫人员，但有文物保护员。

2. 安防、消防和防雷系统的建设、安装与运行情况

均未建设和安装。

3. 21世纪以来发生的安全事故、石雕造像被盗案件情况

未发生上述情况。

（七）小结

册亨观音岩摩崖造像又名者王摩崖浮雕观音像，雕凿于清嘉庆二十三年（1818），像高0.59米，宽0.37米，观音手托宝瓶，盘坐于莲台上。两侧阴刻"救苦观音多显圣；神在须空保万民"对联1副。原在观音造像前建有房屋，20世纪70年代损毁。崖壁下遗存石柱础1个。观音岩摩崖造像是册亨少数民族地区不可多得的石雕艺术品。

观音岩摩崖造像所在册亨县位于南、北盘江汇入红水河的夹角地带，地处云贵高原向广西丘陵过渡的斜坡带上。观音岩摩崖造像所在区属西北部低中山温凉湿润气候区，温度偏低，阴雨偏多，湿度较大，年相对湿度78%。岩石受风蚀作用、人为影响等，造成岩石结构欠稳定，存在落石风险。造像长期裸露在自然界中，受到环境的影响，造像风化严重。观音岩摩崖造像本体面部及左臂疑似可见人为破坏痕迹，残损明显。现观音岩摩崖造像造像左臂和头部局部损坏。开放参观，无用于文物保护、展示和游客服务的管理服务设施。无专属安全保卫机构，但有文物保护员。安防、消防和防雷系统均未建设。

目前存在的突出问题是未编制文物保护规划，地理环境复杂艰险，文物保护管理难度大，文物病害现象明显，难以及时高效地开展文物的保护展示和利用工作，同时缺乏具有石质文物保护和研究知识的专业技术人员。"十四五"期间的主要工作任务是在完善石窟寺和摩崖造像电子档案基础上，尽快编制文物保护规划，力争启动石质文物防风化保护工程项目。

十九、施秉华严洞摩崖造像

（一）基本情况

1. 地理位置

行政区域：贵州省黔东南苗族侗族自治州施秉县甘溪乡。

地理方位：位于甘溪乡甘溪村凉风坳脚华严洞，洞口西南向。

地理坐标：北纬27°3′49.2″，东经108°15′41.4″。

海拔高度：634.6米。

施秉华严洞环境现状

2. 地质状况

施秉地处苗岭青山绿水之中，属低丘陵山区。华严洞处于湘黔古驿道旁，往西地势较平缓，向东过"鹅翅膀"入镇雄关。属奥陶系的下统，由白云岩组成。

气候属中亚热带湿润季风气候区，年平均气温14.2℃，年均降水量1061～1200毫米，年日照时数1195.2小时，年无霜期295天。主要灾害性天气是夏旱、倒春寒、秋绵雨、冰雹和暴雨。

3. 历史沿革

年代：明代、清代。

各时期《贵州通志》和乾隆、道光《镇远府志》对华严洞其地均有载述。明、清两代各个时期，在此留有十数处摩崖石刻、一尊摩崖造像。

4. 洞窟概况

利用天然岩溶加以人工雕凿的自在观音摩崖造像1尊。洞外崖壁上分布10余处摩崖石刻。

（二）外观

1. 总体布局

在凉风坳脚湘黔公路北侧 115 米处，洞前原有万历年间修建之华严寺，洞口南向，高 2.56 米，宽 5.7 米，在近 100 平方米洞壁上，有大小摩崖 16 处，共计 250 余字。摩崖造像处洞内深处。

2. 窟前建筑、窟檐遗迹和寺院遗址

洞外有 1940 年后新建的寺庙，有正殿和偏殿，为红砖青瓦房。

（三）内容

1. 洞窟形制

为天然岩溶洞穴。

2. 窟内造像、彩塑及壁画等

摩崖造像 1 尊，为利用天然岩溶加以人工雕凿的自在观音像，金身，高 2.1 米。

3. 题记、碑刻铭文及其他附属文物

明清两代各个时期，在此留有"灵云盘结""洞天福地""西峙飞来""如来度化""洞天深处""空中楼阁""含吐十□""衔花处""万历甲辰仲冬清浪参将董献策刊石以纪其盛"，

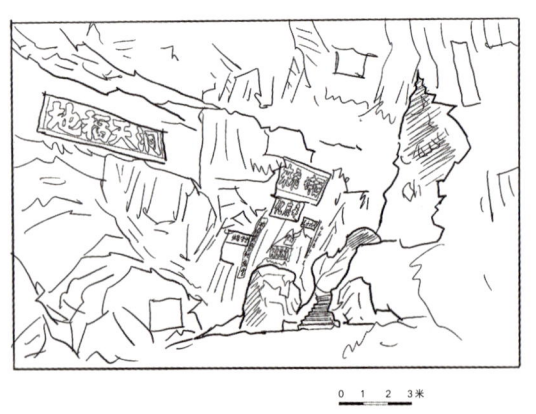

施秉华严洞外观图

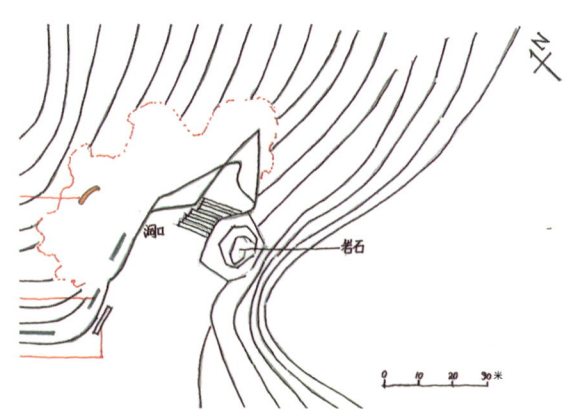

施秉华严洞摩崖造像总平面图

观音造像　　　　　　　　　　　　观音造像图

以及"山光草色天成秀；水曲崖奇地结灵"，横批"空色大观"等十数处摩崖石刻。

"灵云盘结"摩崖石刻：位于洞左崖壁上，前者离地3.5米，后者离地5.8米。"灵云盘结"，横向楷书阳刻，高0.28米，宽0.9米，每字0.2米见方。款识为"万历丙申孟夏吉日；淮阴王鸣鹤题"。刻于明万历二十四年（1596）。

"洞天福地"摩崖石刻：位于洞左崖壁上，前者离地3.5米，后者离地5.8米。"洞天福地"，横向楷书阳刻，高1.04米，宽4.04米，每字0.88米见方。款识为"万历丙申孟夏吉日；淮阴王鸣鹤题"。刻于明万历二十四年（1596）。

"董献策刊石记盛"摩崖石刻：位于洞内右顶崖壁上，离地2.34米。竖长形，高0.73米，宽0.55米。竖向楷书阳刻4行，为"万历甲辰仲冬清浪参将董献策刊石以纪其盛"19字，题于明万历三十二年（1604）。

对联摩崖石刻：位于洞口两侧及洞门上方。行书阳刻"山光草色天成秀；水曲崖奇地结灵"。横批"空色大观"。联语各高2.26米，宽0.4米，每字0.2米见方。横批高0.55米，长1.5米，每字0.35米见方。王之栋题于明万历三十三年（1605）。

"西峙飞来"摩崖石刻：位于洞口正上方。前者离地5.8米。"西峙飞来"，横向楷书阳刻，高1.04米，宽4.26米，每字0.88米见方。有阳刻边框。款识为"申阳董献策题；万历乙巳秋立；邺下王之栋书"。刻于明万历三十三年（1605）。

"如来度化"摩崖石刻：位于洞口正上方，居于"西峙飞来"摩崖石刻之下，离地4.6米。"如来度化"4字横向楷书阴刻，高0.7米，宽2.95米，每字0.56米见方。有阳刻边框。款识为"申阳董献策题；万历乙巳秋立；邺下王之栋书"。刻于明万历三十三年（1605）。

"洞天深处"摩崖石刻：位于洞中18.4米深处洞壁上，离地2.9米。横长形，高0.4米，宽2米。横向楷书阳刻"洞天深处"4字，每字0.2米见方。明按察使、云南居士朱化孚书。

"空中楼阁"摩崖石刻：位于洞右崖壁上，离地11.4米。"空中楼阁"4字竖向楷书阳刻，高4米，宽0.7米，每字0.7米见方。款识损毁不辨。

"含吐十□"摩崖石刻：位于洞右崖壁上，离地4.4米。"含吐十□"4字横向楷书阳刻，高0.48米，宽1.5米，每字0.25米见方。无款识。

"衔花处"摩崖石刻：位于洞右崖壁上，离地3.5米。"衔花处"3字横向楷书阳刻，高0.2米，宽0.5米，每字0.14米见方。王志题于清康熙三十三年（1694）。

"重修华严寺碑记"摩崖石刻：青石质。方首，高1.65米，宽1米，厚0.16米。额题"万古流芳"4字，每字0.1米见方。碑文楷书阴刻，10行，满行20字，共计190余字。记"乙卯苗叛（按：指贵州咸同动乱），一焚殆尽"，其后"见此荒凉，重修福宇"事。立于1940年。肖兴铭书丹，周兴贵刻石。碑残一角，今移存甘溪乡政府。

（四）主要风险及成因分析

1. 洞窟岩体结构失稳

未见洞窟岩体结构失稳现象。

2. 岩体表层风化

存在岩体表层风化病害，病害类型为粉末状风化。

3. 水害

洞穴内存在裂隙渗水和凝结水现象。

4. 生物病害

未见造像存在生物病害。

5. 自然灾害

未见造像存在自然灾害。

6. 其他风险。

未见造像存在其他风险。

（五）保护管理状况

1. 保护级别和公布时间

保护级别：省级文物保护单位。

公布时间：1982年2月23日。

2. 保护范围和建设控制地带

保护范围面积：900平方米。

建设控制面积地带：1300平方米。

保护范围：东抵土地庙横至公路，西抵水井湾至公路，南至公路，北达洞顶后200米处。

建设控制地带：东至土地庙往东30米，沿坡梁至洞顶后250米，再沿坡下至水井湾以西30米直径至公路，南直抵公路内侧坡脚。

3. 保护管理机构设置

保护管理机构：施秉县文物局（带管理）。

上级管理单位：施秉县文体广电旅游局。

4. 保护管理机构的人员、编制和主要专业人员

人员总数2人，编制总数3人。本科以下学历2人。专业技术人员（初级职称）2人。

5. 文物保护规划和已开展的文物保护工程

尚未开展文物保护规划和文物本体保护工程。

6. 开放情况和主要服务设施

开放参观。无用于文物保护、展示和游客服务的管理服务设施。

（六）安全防范状况

1. 安全保卫机构设置和人员情况

无安全保卫机构，但有文物保护员。

2. 安防、消防和防雷系统的建设、安装与运行状况

均未建设和安装。

3. 21 世纪以来发生的安全事故、石雕造像被盗案件情况

未发生上述情况。

（七）小结

施秉华严洞摩崖造像，保存较好。开凿于明代，为利用天然岩溶加以人工雕凿的自在观音像，金身，高 2.1 米。施秉华严洞摩崖造像现尚存 16 方，集楷、行、草于一隅，其笔画遒劲，章法自然，石刻文字笔力深浅、笔画大小、笔锋纯锐的把握各有千秋，具较高的审美价值和书法研究价值。施秉华严洞摩崖造像，忠实地记载了明清两代以来不少名人墨客留下的摩崖石刻，是目前贵州省保存尚好、数量较多、内容丰富的一处不可多得的摩崖石刻之一。施秉华严洞摩崖造像是研究中国西南部交通发展历史，以及中国古道文化线路现象的珍贵实物佐证。

华严洞处于湘黔古驿道旁，往西地势较平缓，向东过"鹅翅膀"入镇雄关。自在观音像在华严洞内，除了造像所在的岩体存在水害和风化问题，暂时没有发现其他的风险和隐患。开放参观，无用于文物保护、展示和游客服务的管理服务设施。无专属安全保卫机构，但有文物保护员。安防、消防和防雷系统均未建设。

"十四五"期间，力争进入石窟寺和摩崖造像项目库，在全面测绘并完善电子档案的基础上，启动石质文物保护工程项目。

二十、天柱金凤山摩崖造像

（一）基本情况

1. 地理位置

行政区域：贵州省黔东南苗族侗族自治州天柱县凤城街道。
地理方位：位于凤城街道金凤山山腰处，坐北向南。
地理坐标：北纬 26°58′8.2″，东经 109°13′16.1″。
海拔高度：789 米。

2. 地质状况

地处县北东向断裂构造的邦洞断裂段，地貌为强烈溶蚀地貌，岩石主要为石灰石。

气候属中亚热带温暖湿润季风气候区，年平均气温 16℃，年均降水量 1280 毫米，年日照时数 1150.9 小时，年无霜期 281 天。主要灾害性天气有夏旱、水灾、冰雹、大风、倒春寒、秋绵雨等。

天柱金凤山摩崖造像所在环境现状

3. 历史沿革

年代：明代，具体时间不详。

据《天柱县志》（1993）记载："明季，有一云南王姓官佐，往京都承袭归来，路过天柱，途中见金凤山峰峦秀丽，心羡之，乃弃官净发，在山上结庐为庵，挂锡数十年。尔后，山上陆续修建玉皇殿等 48 座庵院，梵宇华美，佛像满堂，壁画鲜妍，修行僧尼百余人。庵院四周，古树森森，现存两株大银杏，树龄已 300 余年，树边一口水井，供出家人饮用。宝鼎峰崖壁上，时时渗滴泉水，如缕不绝。从山脚至山上，东、西、南三面各有大道，千级石阶，蜿蜒曲折，绕山而上。各小山丘的山脊，有石板铺墁的道路互相连接，宝鼎峰壁上，凿崖成阶，拾级可登绝顶。"推测摩崖开凿最早为明代。

4. 洞窟概况

祝融造像 1 尊。摩崖造像 3 尊，中间的是金刚坐的菩萨像，右侧为游戏坐的佛像，左侧为侍立的弟子像。

（二）外观

1. 总体布局

3 尊摩崖造像离金凤山寺水平距离约 10 米，垂直距离约 50 米的悬崖上。3 尊造像并排开凿在崖壁上。另有 1 尊祝融造像在离摩崖造像约百米的溶洞中。

2. 窟前建筑、窟檐遗迹和寺院遗址

金凤山上有金凤山寺，摩崖造像暂时无法证实是否与该寺有关。

天柱金凤山摩崖造像

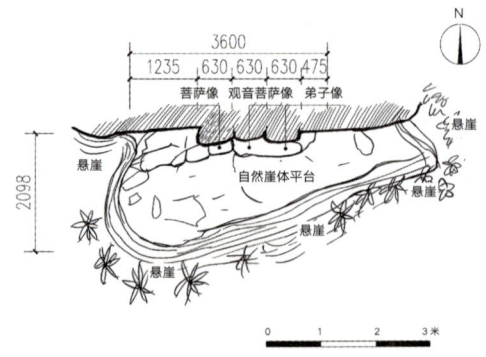

天柱金凤山摩崖造像总平面图

（三）内容

1. 造像、彩塑及壁画等

3尊摩崖造像中，中间的是金刚坐的菩萨像，右侧为游戏坐的佛像，左侧为侍立的弟子像。另有1尊祝融造像，仅存脖子以上部分，且额头以上部分缺失，雕刻粗糙，只有轮廓。

天柱金凤山摩崖造像立面

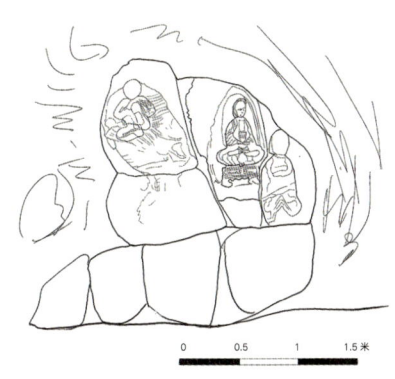
天柱金凤山摩崖造像立面图

金刚坐菩萨造像

金刚坐菩萨造像图

佛像

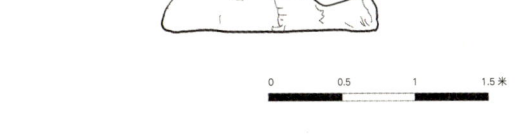
佛像图

弟子造像

弟子造像图

祝融造像

2. 题记、碑刻铭文及其他附属文物

游戏坐佛像下方的岩石上刻有铭文，风化和生物病害严重，模糊难辨。

（四）主要风险及成因分析

1. 洞窟岩体结构失稳

存在结构失稳的风险，失稳主控影响因素，岩体内结构面切割。

2. 岩体表层风化

存在风化现象，病害类型为粉末状风化。造像暴露在外，没有遮阳挡雨的东西，整体风化严重。

3. 水害

存在水害，病害类型为裂隙渗水及毛细水。造像暴露在外，没有遮阳挡雨的东西，雨水直接落在造像上，还有就是顺着山坡及岩体流下。现场发现有裂隙渗水的情况。

4. 生物病害

实地调查未发现摩崖造像明显植物、动物病害现象，但在摩崖造像及周边岩壁上表面可明显看到因气候湿润、自然环境下微生物易存而有不规则成片藓类附着。

5. 自然灾害

未见造像存在自然灾害。

6. 其他风险

未见造像存在其他风险。

（五）保护管理状况

1. 保护级别和公布时间

本次新发现，尚未核定公布为文物保护单位的不可移动文物。

2. 保护范围和建设控制地带

尚未划定保护范围和建设控制地带。

3. 保护管理机构设置

保护管理机构：天柱县文物局（代管）。
上级管理单位：天柱县文体广电旅游局。

4. 保护管理机构的人员、编制和主要专业人员

人员总数6人，编制总数7人。硕士研究生学历1人，本科学历2人，本科以下学历3人。专业技术人员4人。

5. 文物保护规划和已开展的文物保护工程

尚未开展文物保护规划和文物本体保护工程。

6. 开放情况和主要服务设施

自然开放。无用于文物保护、展示和游客服务的管理服务设施。

（六）安全防范状况

1. 安全保卫机构设置和人员情况

无安全保卫机构和安全保卫人员。

2. 安防、消防和防雷系统的建设、安装与运行状况

均未建设和安装。

3. 21世纪以来发生的安全事故、石雕造像被盗案件情况

未发生上述情况。

（七）小结

天柱金凤山摩崖造像开凿年代不详，据现有的文字资料推断，最早为明代，包括祝融造像1尊和摩崖造像3尊，二者相距约百米。祝融造像只有脖子以上部分，且从额头以上部分缺失，雕刻得比较粗糙，只有轮廓。3尊摩崖造像中，中间的是金刚坐的菩萨像，右侧为游戏坐的佛像，左侧为侍立的弟子像。金凤山摩崖造像是天柱苗侗民族信奉佛教的见证，是民族政策与宗教政策的相融合的体现，也是金凤山佛教之地的重要组成部分。

天柱金凤山摩崖造像所在地处县北东向断裂构造的邦洞断裂段，为强烈溶蚀地貌。造像区为石灰石，可以溶解在含有二氧化碳的水中，易被溶解和风化。造像暴露在外，没有遮阳挡雨的东西，整体风化严重。摩崖造像及周边岩壁上表面可明显看到因气候湿润、自然环境下微生物易存等而出现不规则成片藓类附着。开放参观，无用于文物保护、展示和游客服务的管理服务设施。无专属安全保卫机构和人员，安防、消防和防雷系统均未建设。

目前存在的突出问题是严重缺乏具有石质文物保护和研究的专业技术人员。应对该发现依法进行不可移动文物认定。"十四五"期间的主要工作任务是在完成数字测绘的基础上完善石窟寺和摩崖造像电子档案，力争启动石质文物防风化保护工程项目。

二十一、瓮安来子洞摩崖造像

（一）基本情况

1. 地理位置

行政区域：贵州省黔南布依族苗族自治州瓮安县瓮水街道。

地理方位：位于瓮水街道金龙社区，坐西向东。

地理坐标：北纬27°4′18.1″，东经107°28′11.5″。

海拔高度：1089.4米。

2. 地质状况

摩崖造像位于瓮安县翁水街道金龙社区，处于震旦系上统陡山沱组，在垛丁往西至白岩背斜带，为磷块岩及含磷白云岩。县城海拔1065米。乌江及其支流下切较深，相对高差达300～500米，河谷两岸出现低山峡谷。

瓮安北纬偏北且地处高原，东北部无较高山脉作屏障，故气候具有冬冷夏暖，湿润多雨的特点。年平均气温13.6℃，7月平均温23.1℃，1月平均温2℃，极端最高温34.3℃，极端最低温 –9.2℃。冬季气温低于同北纬的息烽、修文等地。无霜期261天，月平均温度稳定。年降水量1148.2毫米，4月至9月降水量占年降水量76%。相对湿度83%，年日照时数1226.3小时。灾害性天气有寒潮、霜冻、冰雹。

瓮安来子洞摩崖造像环境现状

3. 历史沿革

年代：清代，具体时间不详。

开凿年代不详，有两种推测：一是因 1999 年从洞中出土淳熙、治平等铜钱，推测为宋代造像；二是瓮安来子洞摩崖造像前的武圣宫始建于清雍正年间，据此推测为清代。

4. 洞窟概况

卧佛造像 1 尊。

（二）外观

1. 总体布局

瓮安来子洞摩崖造像因位于武圣宫西南来子洞洞口得名。来子洞为独立的白云岩岩溶洞穴，洞口东向。

2. 窟前建筑、窟檐遗迹和寺院遗址

造像东北为武圣宫，是礼祭关羽、岳飞及本县为国战死者的处所。始建于清雍正年间，1911 年重修。坐西向东，占地面积约 1500 平方米。现有下殿及两厢，建筑面积约 800 平方米。

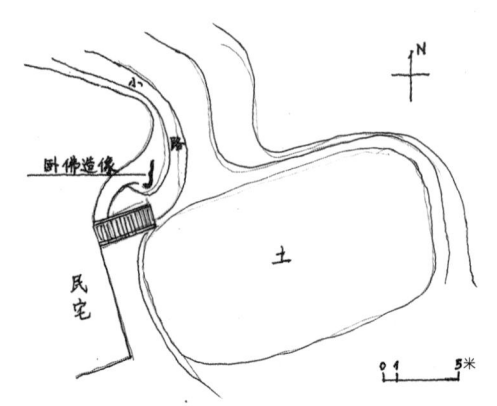

瓮安来子洞摩崖造像总平面图

（三）内容

1. 洞窟形制

无开凿洞窟，利用洞口岩石形态造像。

2. 窟内造像、彩塑及壁画等

由于风化严重，现仅存卧佛造像 1 尊。佛像屈腿侧卧，右臂屈臂直掌支撑头部。头部因风化残损严重，面部表情不清。造像残高 0.8 米，残长 1.2 米。

瓮安来子洞摩崖造像

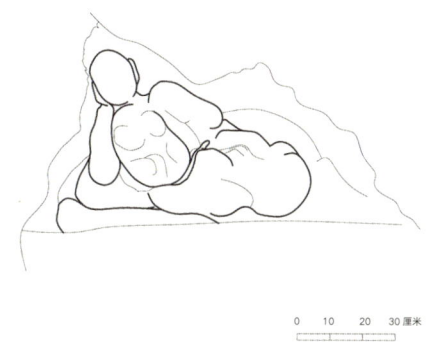

瓮安来子洞摩崖造像图

3. 题记、碑刻铭文及其他附属文物

没发现题记、碑刻铭文及其他附属文物。

（四）主要风险及成因分析

1. 洞窟岩体结构失稳

存在结构失稳隐患，失稳因素为岩体内结构面切割和裂隙水压力。

2. 岩体表层风化

造像存在风化病害，病害类型为粉末状风化和风化裂隙切割。

3. 水害

存在水害，病害类型为面流水和毛细水。溶洞上部有地面水流入，造成佛像受面流水侵蚀。地面及周边岩体也有毛细水侵蚀造像。

4. 生物病害

存在生物病害，病害类型为微生物。石像常年浸润在潮湿环境中，滋生青苔，青苔的酸性分泌液腐蚀石面，进一步加剧病害发育。

5. 自然灾害

暂未发现有自然灾害。

6. 其他风险

烟熏病害。因信众直接在造像前烧钱化纸，对造像影响很大。

（五）保护管理状况

1. 保护级别和公布时间

保护级别：市县级文物保护单位。
公布时间：2001年。

2. 保护范围和建设控制地带

尚未划定保护范围和建设控制地带。

3. 保护管理机构设置

保护管理机构：县博物馆（文化遗产保护中心）。
上级管理单位：瓮安县文化广电和旅游局。

4. 保护管理机构的人员、编制和主要专业人员

人员总数4人，编制总数7人。本科学历4人。专业技术人员（中级职称）3人。

5. 文物保护规划和已开展的文物保护工程

尚未开展文物保护规划和文物本体保护工程。

6. 开放情况和主要服务设施

自然开放。无用于文物保护、展示和游客服务的管理服务设施。

（六）安全防范状况

1. 安全保卫机构设置和人员情况

无安全保卫机构和安全保卫人员。

2. 安防、消防和防雷系统的建设、安装与运行状况

均未建设和安装。

3. 21世纪以来发生的安全事故、石雕造像被盗案件情况

未发生上述情况。

（七）小结

瓮安来子洞摩崖造像因信众祈求"早得贵子"习俗的岩溶洞穴得名。开凿年代不详，现仅存卧佛造像1尊。佛像屈腿侧卧，右臂屈臂直掌支撑头部。造像残高0.8米，残长1.2米。造像体现瓮安地区的风俗民情，丰富了贵州的佛教文化，还展示了瓮安地区的匠作技艺。

瓮安来子洞摩崖造像位于贵州省黔南布依族苗族自治州瓮安县翁水街道金龙社区，风化严重。造像所在为磷块岩及含磷白云岩形成的洞穴，存在结构失稳隐患。溶洞上部有地面水流入，造成佛像受面流水侵蚀。石像常年浸润在潮湿环境中，滋生青苔，青苔的酸性分泌液腐蚀石面，进一步加剧病害发育。自然开放，无用于文物保护、展示和游客服务的管理服务设施。信众直接在造像前烧钱化纸，烟熏火烤，因此对造像影响很大。无专属安全保卫机构和人员，安防、消防和防雷系统均未建设。

目前存在的突出问题是严重缺乏具有石质文物保护和研究的专业技术人员和管理人员。"十四五"期间的主要工作任务是在完成数字测绘的基础上完善石窟寺和摩崖造像电子档案，力争启动石质文物防风化保护工程项目和设定管理人员。

二十二、长顺观音洞摩崖造像

（一）基本情况

1. 地理位置

行政区域：贵州省黔南布依族苗族自治州长顺县长寨街道。
地理方位：位于长寨街道长坡村魏家坡组观音洞，洞口西南向。
地理坐标：北纬 25°57′39.2″，东经 106°33′56.6″。
海拔高度：987 米。

2. 地质状况

长顺观音洞摩崖造像所在为经地表水和地下水的强烈侵蚀溶蚀作用形成的喀斯特地貌，属峰丛洼地，黄壤—潮泥田土壤组合。处于三叠系地层东面，分布于长坡、付家院一带，岩性以薄层灰岩为主，夹有页岩。

气候属中亚热带湿润季风气候区。年平均气温 15.1℃，年均降水量 1396.7 毫米，年日照时数 1202.1 小时，年无霜期 275 天。主要灾害性天气是干旱、暴雨洪涝、冰雹、倒春寒和秋季低温。

长顺观音洞环境现状

3. 历史沿革

年代：清代，具体时间不详。

询当地人，无人知其来历。方志上无记载。

4. 洞窟概况

摩崖造像5尊，横向分布在一条线上，由西北到东南，分别为1号、2号、3号、4号、5号。其中，1号、3号造像保存相对完整，1号为和尚造型，3号天官造型，均脚踏祥云。2号造像为和尚造型，残损严重。4号造像仅存身体腿部以下部分，残存部分整体为泥塑，施红、紫、蓝等矿物颜料。5号造像仅存一翅膀。

（二）外观

1. 总体布局

观音洞崖壁坐东北朝西南，在长37米的崖壁上分布有3个洞穴，从西北向东南依次编号为1号、2号、3号洞，1号洞口上方有1尊造像，在编号为2号、3号洞之间离洞口平台5米以上的地方分布有4尊造像。

2. 窟外崖面、各洞窟之间的相互关系

造像分布于天然洞穴洞口顶部崖面。

3. 窟前建筑、窟檐遗迹和寺院遗址

没有发现窟前建筑、窟檐遗迹和寺院遗址。

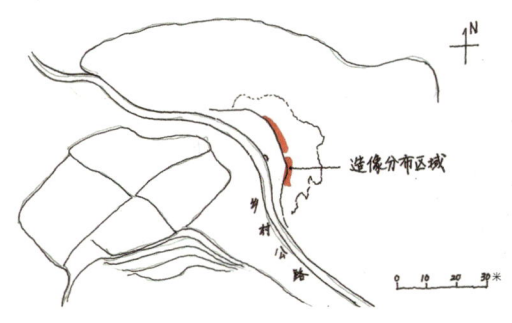

长顺观音洞摩崖造像总平面图

观音洞造像分布岩体

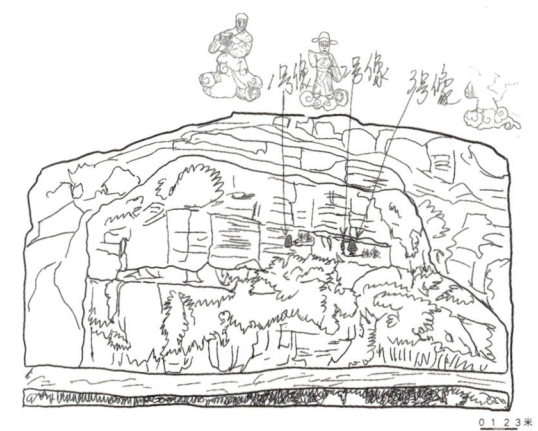

观音洞造像分布图

（三）内容

1. 洞窟形制

无开凿洞窟，利用天然洞穴岩体造像。

2. 窟内造像、彩塑及壁画等

共有造像5尊，处于高度5米以上的洞顶部位，横向分布在一条线上，由西北到东南，分别为5号、1号、2号、3号、4号。其中，1号、3号造像保存相对完整，均脚踏祥云。1号造像，整体在岩石上雕凿而成，头部相貌用泥塑，造型为和尚，双手捧着一物，脚踏祥云，左腿绷直，右腿弯曲，似爬坡状。2号造像为和尚造型，左手收于腹前，右肩扛着一个类似荷叶的物件，右手扶着，头上台，似遥看远方，残损严重。3号造像，整体在岩石上雕凿而成，从造型看，似天官，头戴冠帽，左手收于腹前，右手举于胸前，形似唐代男子形象。4号造像仅存腿部以下部分，残存部分整体为泥塑，施红、紫、蓝等矿物颜料，色彩艳丽，人物身份难以确定。5号造像仅存一翅膀。

1号造像

1号造像图

2号造像

3号造像（正视）

3号造像　　　　　　　　　　　　3号造像图

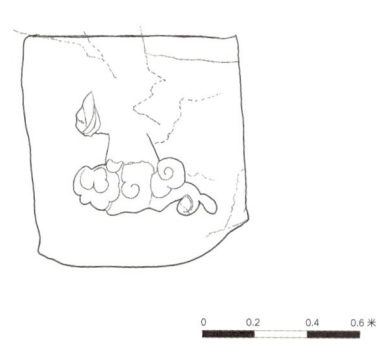

4号造像　　　　　　　　　　　　4号造像图

3. 题记、碑刻铭文及其他附属文物

未发现题记、碑刻铭文及其他附属文物。

（四）主要风险及成因分析

1. 洞窟岩体结构失稳

存在洞窟岩体结构失稳隐患，失稳主控影响因素为岩体内结构面切割。

5号造像

2. 岩体表层风化

造像是开凿在溶洞外离洞口平台6米左右的地方，受到溶蚀、风化等因素的影响，病害类型为粉末状风化和差异风化。

3. 水害

造像暴露在外，没有遮阳挡雨的设施，均存在水害，病害类型为面流水。

4. 生物病害

存在生物病害，病害类型为植物，光头和尚手捧物体造像有树根插入岩体，破坏造像。

5. 自然灾害

未发现自然灾害。

6. 其他风险

造像位置很高，人、动物难以碰触，没有发现其他风险。

（五）保护管理状况

1. 保护级别和公布时间

尚未核定公布为文物保护单位的不可移动文物。

2. 保护范围和建设控制地带

尚未划定保护范围和尚未划定建设控制地带。

3. 保护管理机构设置

保护管理机构：长顺县文物保护中心。
上级管理单位：长顺县文化广电和旅游局。

4. 保护管理机构的人员、编制和主要专业人员

人员总数1人，编制总数3人。本科学历1人。无专业技术人员。

5. 文物保护规划和已开展的文物保护工程

尚未开展文物保护规划和文物本体保护工程。

6. 开放情况和主要服务设施

开放参观，自然开放。无用于文物保护、展示和游客服务的管理服务设施。

（六）安全防范状况

1. 安全保卫机构设置和人员情况

无安全保卫机构和安全保卫人员。

2. 安防、消防和防雷系统的建设、安装与运行状况

均未建设和安装。

3. 21世纪以来发生的安全事故、石雕造像被盗案件情况

未发生上述情况。

（七）小结

长顺观音洞摩崖造像开凿年代不详，摩崖造像5尊，横向分布在一条线上，由西北到东南，分别为5号、1号、2号、3号、4号。其中，1号、3号造像保存相对完整，1号为和尚造型，3号天官造型，均脚踏祥云。2号造像为和尚造型，残损严重。4号造像仅存腿部以下部分，残存部分整体为泥塑，施红、紫、蓝等矿物颜料。5号造像仅存一翅膀。造像为研究长顺县历史进程提供了实物依据，体现了地方的独特风俗文化。

长顺观音洞摩崖造像所在，属分布于长坡、付家院一带的三叠系地层，岩性以薄层灰岩为主，夹有页岩。岩体内结构面切割，影响洞窟岩体结构失稳。气候属中亚热带湿润季风气候区，造像暴露在外，没有遮风挡雨的设施，风化严重，受面流水冲刷，植物根茎插入岩体，破坏造像。自然开放，无用于文物保护、展示和游客服务的管理服务设施。无专属安全保卫机构和人员，安防、消防和防雷系统均未建设。

目前存在的突出问题是严重缺乏具有石质文物保护和研究的专业技术人员。"十四五"期间的主要工作任务是在完成数字测绘的基础上完善石窟寺和摩崖造像电子档案，力争启动石质文物防风化保护工程项目。

二十三、惠水九龙山摩崖造像

(一) 基本情况

1. 地理位置

行政区域：贵州省黔南布依族苗族自治州惠水县大龙乡。

地理方位：位于大龙乡九龙村马门寨九龙山，坐北向南。

地理坐标：北纬26°08′44.9″，东经106°35′17.8″。

海拔高度：1129.6米。

2. 地质状况

惠水九龙山摩崖造像所在区域地层为三叠系下统大冶组角砾状灰岩，其地质构造属杨子台地的黔贵台凹，在地质构造上为自西向东涟江向斜，为贵阳复向斜南延部分西翼段，呈北东—南西走向，其间褶皱紧密。地貌上位于苗岭山地南坡，北接黔中山源，南接黔南峡谷。岩溶地貌发育，在松散沉积物地区，以堆积地貌为主，碳酸盐岩分布广泛。气候上属亚热带季风气候，温润多雨，年平均气温15.8℃，年平均降水量1213.4毫米。主要灾害性天气有春旱、倒春寒、冰雹、夏旱、暴雨、洪涝、秋绵雨、霜冻等。

九龙山摩崖造像环境现状

3. 历史沿革

年代：清代。

九龙山一带，元明间一直是定番往来广顺要冲，但九龙山摩崖造像未见文献记载。据康熙和民国平刚校署《定番州志》记载，"九龙山，在城西四十五里。九峰罗列，至山约数里，中耸小峰，平里许，人素以为避兵之所。康熙二十一年，寺僧古源开辟建寺"，并"取名九龙山"，至此为定番十二景之一"九岚拥寺"。造像是否系古源开凿，尚待研究。

4.造像概况

布袋和尚高浮雕造像1尊。

（二）外观

1.总体布局

位于九龙山东南角山峰南向临近峰顶处的峭壁上。

2.窟前建筑、窟檐遗迹和寺院遗址

寺院遗址在造像西北。

惠水九龙山摩崖造像总平面图

（三）内容

1.造像彩塑及壁画等

布袋和尚造像，通高2.1米，宽1.3米。形态夸张，笑容可掬，塌鼻梁是其明显标志。着广袖服，裤带系如意结，有穗。敞胸露怀，左手握布袋绳，右手高举羽毛扇。

像凿于峭壁上（左前）

造像凿于峭壁上（右前）

布袋和尚造像

布袋和尚造像图

2. 题记、碑刻铭文及其他附属文物

未见题记和碑刻铭文等其他附属文物。

（四）主要风险及成因分析

1. 洞窟岩体结构失稳

因惠水九龙山摩崖造像所在岩体为碳酸盐岩，在自然环境中岩体受力切割而导致岩石表面产生裂隙，摩崖造像面部鼻梁、额头等处可见多条微小裂隙，使摩崖造像存在结构失稳风险。

2. 岩体表层风化

布袋和尚造像位于自然开放岩壁半山腰处，因常年湿润多风气候及雨水影响，造像全身有着不同程度风化现象，其面部及颈部风化类型为粉末状风化，广袖服、裤带等处呈现差异风化现象。

3. 水害

惠水九龙山摩崖造像所在山体因自然环境复杂，植被繁茂，岩体表面易受雨水侵蚀，降雨中形成的面流水自然下渗使岩体表面形成面流水，摩崖造像右半身呈黑褐色水印痕迹。

4. 生物病害

布袋和尚造像周边植被茂密，右半侧像身因常年的风化、雨水侵蚀以及自然环境下微生物病害影响，岩体表面呈斑状暗黑色。

5. 自然灾害

未发现自然灾害。

6. 其他风险

未发现其他风险。

（五）保护管理状况

1. 保护级别和公布时间

保护级别：市县级文物保护单位。
公布时间：1982年。

2. 保护范围和建设控制地带

尚未划定保护范围和建设控制地带。

3. 保护管理机构设置

保护管理机构：惠水县文化遗产保护中心。
上级管理单位：惠水县文化广电和旅游局。

4. 保护管理机构的人员、编制和主要专业人员

人员总数5人，编制总数5人。本科学历4人，本科以下学历1人。专业技术人员2人。

5. 文物保护规划和已开展的文物保护工作

尚未开展文物保护规划和文物本体保护工程。

6. 开放情况和主要服务设施

对外开放。无用于文物保护、展示和游客服务的管理服务设施。

（六）安全防范状况

1. 安全保卫机构设置和人员情况

无安全保卫机构和安全保卫人员。

2. 安防、消防和防雷系统的建设、安装与运行情况

均未建设和安装。

3. 21世纪以来发生的安全事故、石雕造像被盗案件情况

未发生上述情况。

（七）小结

惠水九龙山摩崖造像位于九龙山东南角山峰南向临近峰顶处的峭壁上。九龙山一带，元明期间一直是定番往来广顺要冲，但九龙山摩崖造像未见文献记载。造像是否系古源开凿，尚待研究。布袋和尚造像形态夸张，笑容可掬，塌鼻梁是其明显标志。着广袖服，裤带系如意结，有穗。敞胸露怀，左手握布袋绳，右手高举羽毛扇。造像整体刀法简练，具有一定的艺术价值。

所在岩溶地貌发育，碳酸盐岩分布广泛。在自然环境中岩体受力切割而导致岩石表面产生裂隙，摩崖造像面部鼻梁、额头等处可见多条微小裂隙，使摩崖造像存在结构失稳风险。造像位于自然开放岩壁半山腰处，山体因自然环境复杂，植被繁茂，以及受常年湿润多风气候及雨水影响，造像全身有着不同程度风化现象。此外，还受到雨水侵蚀以及自然环境下微生物病害影响，摩崖造像右半身呈黑褐色水印痕迹，岩体表面呈斑状暗黑色。对外开放，无用于文物保护、展示和游客服务的管理服务设施。无专属安全保卫机构和人员，安防、消防和防雷系统均未建设。

目前存在的突出问题是严重缺乏具有石质文物保护和研究知识的专业技术人员。"十四五"期间的主要工作任务是在完善石窟寺和摩崖造像电子档案基础上，力争启动石质文物防风化保护工程项目。

第四章

石窟寺调查数据汇总

一、石窟寺专项调查报告

通过石窟寺专项调查工作统计,贵州省现存石窟寺和摩崖造像遗存总量共计 25 处。其中,石窟寺类 2 处,占总量的 8%;摩崖造像类 23 处,占总量的 92%。25 处石窟寺和摩崖造像遗存总量中,复查登记的共计 23 处,占总量的 92%;本次新发现 2 处,占总量的 8%。专项调查工作中,调查组共编写"石窟寺(含摩崖造像)专项调查报告"25 份,填报专项调查表 25 份,绘制石窟寺和摩崖造像及附属建筑图纸 92 张、拍摄可选用照片 1496 张。

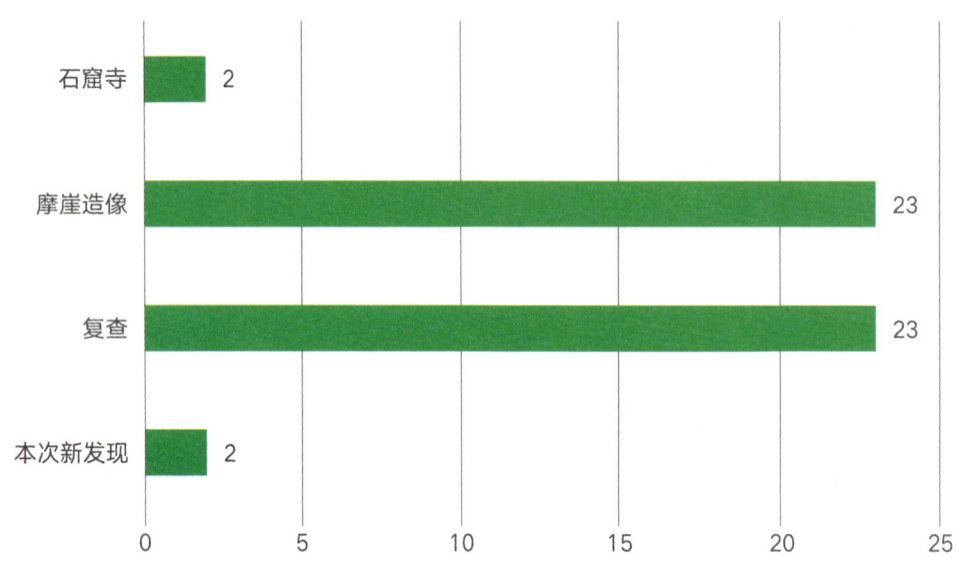

汇总统计

根据各地上报资料统计,贵州省现存 25 处石窟寺和摩崖造像,涉及保护管理机构 24 处。遵义市 11 处,其中,赤水市 7 处,均为石窟寺(含摩崖造像)所在地乡镇(街道)科技宣传服务中心(代管);习水县 1 处,为习水县文物保护与研究所;播州区 1 处,为石窟寺(含摩崖造像)所在地新蒲新区新舟镇科教中心;正安县 1 处,为正安县文物保护所;凤冈县 1 处,为凤冈县文体旅游局(代管)。毕节市 2 处,一处为石窟寺(含摩崖造像)所在的岩孔街道办事处;另一处为金沙县文化遗产保护中心。铜仁市 1 处,为石阡县文化事业工作中心。黔西南布依族苗族自治州 5 处,均为石窟寺(含摩崖造像)所在市县级文物主管部门。黔东南苗族侗族自治州 2 处,分别为施秉县文物局(代管)、天柱县文物局(代管)。黔南布依族苗族自治州 3 处,其中,瓮安县 1 处,为县博物馆(文化遗产保护中心);长顺县 1 处,为县文物保护中心;惠水县 1 处,为县文化遗产保护中心。管理机构级别差异很大,管理水平总体有待提高。

贵州省现存 25 处石窟寺和摩崖造像安全(安防、消防和防雷)设施建设严重滞后,缺乏安防、消防和防雷的基本设施,目前仅赤水三会水石窟寺由文物管理部门安装有安防监控摄像头,运行情况正常。赤水葫市摩崖造像利用公安部门的"天眼"系统进行监控。其他各处石窟寺（含摩崖造像）或因地处偏远自然环境，缺乏安装（安防、消防和防雷）条件，或因未立项、缺乏相关经费等，至今缺乏有效、及时的监管及防范所需的安全设施。

贵州省现存25处石窟寺和摩崖造像，主要风险包括结构失稳、风化、水害、生物病害、自然灾害和其他类。25处石窟寺（含摩崖造像）中，有12处存在结构失稳现象（和隐患），占总量的48%。25处石窟寺（含摩崖造像）均存在不同程度的风化现象，其中，12处为粉末状风化病害，占总量的48%；9处为差异风化，占总量的36%；6处同时存在粉末状风化与差异风化病害，占总量的24%；3处存在开裂起翘、空鼓及风化裂隙切割现象，占总量的12%。25处石窟寺（含摩崖造像）中有19处存在水害现象，占总量的76%，其中，裂隙渗水是水害的最主要表现。25处石窟寺（含摩崖造像）中有16处存在生物病害现象，占总量的64%，主要为微生物病害。25处石窟寺（含摩崖造像）中有3处存在自然灾害（和隐患），占总量的12%。25处石窟寺（含摩崖造像）中，其他类风险包括人为破坏和影响，有7处，占总量的28%，前者主要发生于20世纪70年代，后者主要是因信众长期在此焚烧香火，导致文物本体其表面留存烟熏痕迹。

二、石窟寺专项调查资料

（一）石窟寺基本情况

1. 石窟寺（含摩崖造像）总量及不同文物级别数量

贵州省现存石窟寺和摩崖造像总计 25 处，其中石窟寺类 2 处，占总量的 8%，分别是赤水三会水石窟寺和习水望仙台石窟 [袁锦道墓（祠）]；摩崖造像类 23 处，占总量的 92%。分别是：遵义市的新舟凉风洞摩崖造像、正安龙塘沟摩崖造像、凤冈太极洞摩崖造像、赤水石鹅咀摩崖造像、赤水红布岩摩崖造像、赤水陛诏观音岩摩崖造像（陛诏观音岩）、赤水金沙摩崖造像、赤水半壁寺摩崖造像（东门摩崖造像）、赤水葫市摩崖造像、赤水茶土坪观音堂摩崖造像，毕节市的金沙岩孔观音洞摩崖佛像（观音洞摩崖佛像）、金沙大宝飞云洞摩崖造像（金沙石场大宝洞壁画），铜仁市的石阡华峰寺摩崖造像，黔西南布依族苗族自治州的兴义菩萨洞摩崖造像（兴义菩萨洞岩溶造像）、普安观音洞摩崖造像（观音洞石窟）、晴隆盘江桥摩崖石刻群、贞丰花江摩崖石刻群、册亨观音岩摩崖造像，黔东南苗族侗族自治州的施秉华严洞摩崖造像（华严洞摩崖）、天柱金凤山摩崖造像，黔南布依族苗族自治州的瓮安来子洞摩崖造像（武圣宫及来子洞石刻造像）、长顺观音洞摩崖造像（观音洞摩崖石刻）、惠水九龙山摩崖造像（九龙山佛教遗址）。

贵州省现存 25 处石窟寺和摩崖造像中，列入全国重点文物保护单位构成清单的 2 处（以公布名称计），占总量的 8%，分别是第七批全国重点文物保护单位茶马古道（贵州省）的盘江桥石刻群和花江摩崖石刻群。省级文物保护单位 5 处（以公布名称计），占总量的 20%，分别是习水袁锦道墓（祠）、赤水三会水石窟寺、石鹅咀摩崖造像、葫市摩崖造像、黔东南苗族侗族自治州施秉华严洞摩崖。市县级文物保护单位 9 处（以公布名称计），占总量的 36%，分别是遵义市凤冈太极洞石窟、正安龙塘沟摩崖造像，毕节市金沙岩孔观音洞摩崖佛像、金沙大宝飞云洞摩崖造像，黔西南布依族苗族自治州兴义菩萨洞岩溶造像、普安观音洞石窟、册亨观音岩摩崖造像，黔南布依族苗族自治州瓮安武圣宫及来子洞石刻造像、惠水九龙山佛教遗址。未定级不可移动文物 7 处（以石窟寺专项调查登录名称计），占总量的 28%，分别是遵义市的新舟凉风洞摩崖造像、赤水红布岩摩崖造像、赤水陛诏观音岩摩崖造像、赤水金沙摩崖造像、赤水半壁寺摩崖造像、黔南布依族苗族自治州的长顺观音洞摩崖造像，铜仁市石阡华峰寺摩崖造像。

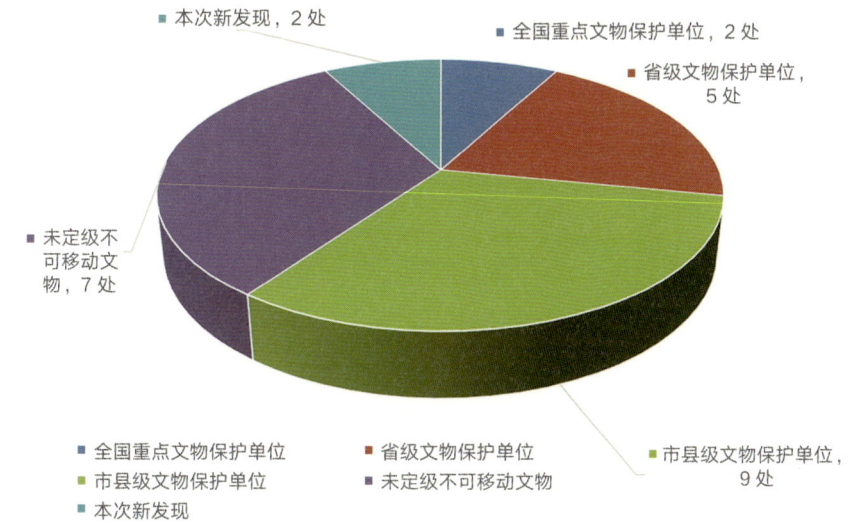

不同文物级别数量

2. 新发现石窟寺（含摩崖造像）数量

贵州省现存 25 处石窟寺和摩崖造像中，本次新发现文化遗存 2 处（以石窟寺专项调查登录名称计），占总量的 8%，分别是遵义市的赤水茶土坪观音堂摩崖造像和黔东南苗族侗族自治州的天柱金凤山摩崖造像。

3. 消失石窟寺（含摩崖造像）数量

贵州省在专项调查工作中未发现石窟寺和摩崖造像消失的情况。

4. 石窟寺（含摩崖造像）年代分类

贵州省现存 25 处石窟寺和摩崖造像，开凿年代大多形成于明清时期，其中有明确纪年的 7 处，占总量的 28%。

石窟寺类

贵州省现存赤水三会水石窟寺和习水望仙台石窟 [袁锦道墓（祠）] 2 处石窟寺均开凿于清代，其中有明确纪年的 1 处，即习水望仙台石窟 [袁锦道墓（祠）]，开凿于清嘉庆十年（1805），嘉庆十五年（1810）告竣，光绪二十年（1894）培修。另一处赤水三会水石窟寺开凿于清乾隆年间。

摩崖造像类

贵州省现存 23 处摩崖造像中，开凿于明代的 4 处，开凿于清代的 17 处。其中，有明确纪年的 6 处，包括开凿于明崇祯三年（1630）的晴隆盘江桥石刻群之朱家民摩崖造像，清乾隆三十八年（1773）的赤水葫市摩崖造像，清嘉庆十四年（1809）开凿、清光绪二十三年（1897）培修的赤水茶土坪观音堂摩崖造像，清嘉庆二十三年（1818）的册亨观音岩摩崖造像，清光绪十四年（1888）的赤水隆诏观音岩摩崖造像，清光绪二十六年（1900）的贞丰花江摩崖石刻群之"蒋炳堂行乐图"摩崖造像。

5. 石窟寺（含摩崖造像）数量及面积

窟龛和摩崖造像数量

通过石窟寺（含摩崖造像）专项调查工作统计，贵州省现存25处石窟寺和摩崖造像中，共有窟龛数量34个，摩崖造像144尊。其中，单一不可移动文物窟龛数最多者，为赤水葫市摩崖造像，共计9个窟龛；单一不可移动文物摩崖造像最多者，为正安龙塘沟摩崖造像，共计53尊。其次为习水望仙台石窟[袁锦道墓（祠）]的造像，共计12尊。再次为兴义菩萨洞岩溶造像，共计10尊。

贵州省现存25处石窟寺和摩崖造像中，有摩崖造像无窟龛的11处，包括瓮安来子洞摩崖造像、新舟凉风洞摩崖造像、正安龙塘沟摩崖造像、凤冈太极洞摩崖造像、赤水石鹅咀摩崖造像、惠水九龙山摩崖造像、天柱金凤山摩崖造像、长顺观音洞摩崖造像、册亨观音岩摩崖造像、金沙岩孔观音洞摩崖佛像、金沙大宝飞云洞摩崖造像。

保护范围面积

通过石窟寺（含摩崖造像）专项调查工作统计，贵州省25处石窟寺和摩崖造像遗存中，未划定保护范围及建设控制地带的18处，占比72%；已划定保护范围及建设控制地带的7处，占比28%。

通过石窟寺（含摩崖造像）专项调查工作统计，已划定保护范围及建设控制地带的7处中，保护范围总面积总计28 447.56平方米，建设控制地带总面积总计110 007.7平方米，相关文物建筑总面积总计507.77平方米。其中，保护范围面积最大的为盘江桥石刻群，保护范围13 600平方米，建设控制地带32 400平方米；建设控制地带面积最大的为习水望仙台石窟[袁锦道墓（祠）]，保护范围6800平方米，建设控制地带46 400平方米，相关文物建筑面积300平方米。

6. 石窟寺（含摩崖造像）开放情况

贵州省现存25处石窟寺和摩崖造像中，凤冈太极洞摩崖造像和习水望仙台石窟[袁锦道墓（祠）]2处对外开放地点有为游客服务的管理服务设施，占总量的8%。除正安龙塘沟摩崖造像不对外开放外，其余24处石窟寺和摩崖造像均处于对外开放状态，其中，赤水三会水石窟寺与金沙大宝飞云洞摩崖造像需要预约参观。

7. 石窟寺是否存有壁画、彩塑、彩绘情况分类

贵州省现存25处石窟寺和摩崖造像中均无壁画；正安龙塘沟摩崖造像、金沙石场大宝洞壁画、普安观音洞造像、长顺观音洞摩崖造像4处摩崖造像，其手法均为彩塑，占总量的

16%；习水望仙台石窟、赤水石鹅咀摩崖造像、赤水红布岩摩崖造像、赤水陛诏观音岩摩崖造像、赤水葫市摩崖造像、赤水金沙摩崖造像、赤水三会水石窟寺、赤水半壁寺摩崖造像共8处石窟寺和摩崖造像，表面均施彩绘，占总量的32%。

8. 其他需要统计内容

通过石窟寺（含摩崖造像）专项调查，发现贵州省第三次全国不可移动文物普查中定位石窟寺类的凤冈太极洞石窟、普安观音洞石窟2处，前者利用角砾岩堆积形成的天然洞穴岩壁开凿造像，后者则利用碳酸盐岩形成的天然洞穴的洞口进行彩塑，并无人工开凿的洞窟和佛龛，调查组一致认为应该归入造像类，分别变更为凤冈太极洞摩崖造像和普安观音洞摩崖造像进行统计。

贵州省第三次全国不可移动文物普查中定位为岩画的金沙石场大宝洞壁画，系利用碳酸盐岩形成的天然洞穴的洞顶运用彩塑手法进行造像，虽然仅存部分残迹，整体内容已经无法辨识，但仍应该归入造像类，变更为金沙大宝飞云洞摩崖造像进行统计。

不可移动文物分类中，石窟寺及石刻类包括石窟寺、摩崖石刻、碑刻、石雕、岩画、其他石刻共6小类。贵州省第三次全国不可移动文物普查中登记为其他石刻的册亨观音岩摩崖造像、登记为其他近现代重要史迹及代表性建筑的赤水红布岩摩崖造像、登记为其他石刻的正安龙塘沟摩崖造像、登记为石雕的长顺观音洞摩崖石刻、登记为石雕的兴义菩萨洞岩溶造像，以及合并登录中登记为坛庙祠堂的瓮安武圣宫及来子洞摩崖造像、登记为寺庙遗址的惠水九龙山佛教遗址等，均分别应命名为册亨观音岩摩崖造像、赤水红布岩摩崖造像、正安龙塘沟摩崖造像、长顺观音洞摩崖造像、兴义菩萨洞岩溶造像、瓮安来子洞摩崖造像、惠水九龙山摩崖造像，纳入此次石窟寺（含摩崖造像）进行统计。

（二）石窟寺保护管理机构调查

贵州省现存25处石窟寺和摩崖造像，分布在遵义市正安县、遵义市凤冈县、遵义市习水县、遵义市赤水市、遵义市新蒲新区、毕节市金沙县、铜仁市石阡县、黔西南布依族苗族自治州兴义市、黔西南布依族苗族自治州普安县、黔西南布依族苗族自治州晴隆县、黔西南布依族苗族自治州贞丰县、黔西南布依族苗族自治州册亨县、黔东南苗族侗族自治州施秉县、黔东南苗族侗族自治州天柱县、黔南布依族苗族自治州瓮安县、黔南布依族苗族自治州长顺县、黔南布依族苗族自治州惠水县共6个市州的17个县（市、区）。涉及保护管理机构24处，其中遵义市11处，毕节市2处，铜仁市1处，黔西南布依族苗族自治州5处，黔东南苗族侗族自治州2处，黔南布依族苗族自治州3处。

1. 保护管理机构人员总数及不同学历分类

根据地方上报资料统计，贵州省石窟寺和摩崖造像专项调查工作涉及的24处保护管理机构中，保护管理机构编制总数118人，人员总数90人。其中，硕士研究生学历1人；本科学历 47 人；本科以下学历 42 人。

2. 保护管理机构专业技术人员总数

在保护管理机构人员总数 90 人中，专业技术人员共计 50 人。50 名专业技术人员均具备一定的专业技术职务。

3. 保护管理机构专业技术人员研究方向、毕业院校、年龄情况

专业技术人员研究方向情况

在 50 名保护管理机构专业技术人员中，文物保护研究方向 31 人；考古研究方向 1 人；民俗学研究方向 6 人；管理学研究方向 2 人；法律研究方向 1 人；广播及中文研究方向 2 人；其他研究方向 7 人。

专业技术人员毕业院校情况

在 50 名保护管理机构专业技术人员中，毕业于贵州省内各高等院校（含专科、继续教育院校）26 人；各级党校毕业 4 人；广播电视及会计函授院校 11 人；毕业于省外各高等院校 9 人。

专业技术人员年龄情况

在 50 名保护管理机构专业技术人员中，20～29 岁年龄段 4 人；30～39 岁年龄段 15 人；40～49 岁年龄段 18 人；50～59 岁年龄段 13 人。从统计看，30 周岁以下的年轻人占比明显偏少。

（三）石窟寺安全防范情况

1. 安全（安防、消防和防雷）设施建设情况

贵州省现存 25 处石窟寺和摩崖造像安全（安防、消防和防雷）设施建设严重滞后，缺乏安防、消防和防雷的基本设施，目前仅赤水三会水石窟寺由文物管理部门安装有安防监控摄像头，运行情况正常。赤水葫市摩崖造像利用公安部门的"天眼"系统进行监控。其他各处石窟寺（含摩崖造像）或因地处偏远自然环境，缺乏安装（安防、消防和防雷）条件，或因未立项、缺乏相关经费等，至今缺乏有效、及时的监管及防范所需的安全设施。

根据各地反馈信息，贵州省现存 25 处石窟寺和摩崖造像所在，有 11 处石窟寺和摩崖造像有消防设施建设需求，占比 44%；另有 11 处石窟寺和摩崖造像有防雷设施建设需求，占比 44%；消防和防雷设施建设均有需求的有 7 处，占比 28%。

2. 安全保卫机构状况、安全保卫机构建设和安全保卫队伍人员情况

贵州省现存 25 处石窟寺和摩崖造像安全保卫机构建设严重滞后。现存 25 处石窟寺和摩崖造像所在，有 15 处基本设置有安全保卫队伍人员，占比 60%。其中，仅 2 处有安全保卫队伍人员，其余 13 处为文物保护员代行安全保卫工作。

（四）石窟寺（含摩崖造像）保护状况

1. 石窟寺（含摩崖造像）文物保护规划编制情况

根据各地反馈信息，贵州省现存 25 处石窟寺和摩崖造像均未编制文物保护规划。

2. 近 10 年来已经实施的文物保护工程情况

根据各地反馈信息，贵州省现存 25 处石窟寺和摩崖造像中，已经实施文物保护工程的有 6 处，占比 24%，其中，习水望仙台石窟 [袁锦道墓（祠）] 是最早实施文物保护工程的 1 处，于 2000 年 6 月对石窟外部窟檐实施保护修缮工程；赤水三会水石窟寺、赤水石鹅咀摩崖造像、赤水葫市摩崖造像、赤水金沙摩崖造像 4 处，均纳入"赤水市河谷公路保护项目"；贞丰花江摩崖石刻群 1 处，为"环境整治工程项目"。

3. 石窟寺主要风险情况分类

贵州省现存 25 处石窟寺和摩崖造像，普遍存在不同类型的风险情况。根据现场调查统计，涉及结构失稳现象（和隐患）的，有以正安龙塘沟摩崖造像、瓮安来子洞摩崖造像等为代表的 12 处，占比 48%；涉及相关水害的，有以正安龙塘沟摩崖造像、石阡华峰寺摩崖造像等为代表的 19 处，占比 76%；涉及风化病害的，25 处石窟寺和摩崖造像均存在不同程度的风化，占比 100%；涉及生物病害的，有以正安龙塘沟摩崖造像、贞丰花江摩崖石刻群、册亨观音岩摩崖造像等为代表的 16 处，占比 64%；涉及自然灾害（和隐患）的，有以册亨观音岩摩崖造像、兴义菩萨洞岩溶造像等为代表的 3 处，占比 12%。另有 7 处石窟寺（含摩崖造像）存在其他类风险，主要是因人为活动导致摩崖造像遗留烟熏痕迹。

第五章 石窟寺调查数据分析

一、石窟寺专项调查中的石窟寺保护工作发展态势

（一）石窟寺保护利用情况

根据石窟寺（含摩崖造像）开放情况统计，贵州省现存 25 处石窟寺和摩崖造像中，习水望仙台石窟 [袁锦道墓（祠）] 是最早实施文物保护工程的 1 处，于 2000 年 6 月对石窟外部窟檐实施保护修缮工程；赤水三会水石窟寺、赤水石鹅咀摩崖造像、赤水葫市摩崖造像、赤水金沙摩崖造像 4 处，均纳入"赤水市河谷公路保护项目"；贞丰花江摩崖石刻群 1 处，为"环境整治工程项目"。上述 6 处实施文物保护工程的，占总量的 24%；其余 19 处石窟寺和摩崖造像，未实施相关文物保护工程，占总量的 76%。

凤冈太极洞摩崖造像，于 20 世纪 90 年代开始作为景点对外开放。地处国家森林公园和国家级自然保护区内的习水望仙台石窟 [袁锦道墓（祠）]，2000 年 6 月，对石窟外部窟檐实施保护修缮工程后对外开放，以发展旅游为主。以上 2 处均有为游客服务的管理服务设施，是较为成熟的景点，目前而言是贵州省石窟寺和摩崖造像保护利用较好的，占比 8%。除正安龙塘沟摩崖造像不对外开放外，其余 24 处石窟寺和摩崖造像均处于对外开放状态，大部分作为附近信众"烧香拜佛"之所，利用方式单一。

（二）石窟寺保护状况

贵州省在专项调查工作中，不但未发现石窟寺和摩崖造像消失的情况，而且还有新的发现。

现存 25 处石窟寺和摩崖造像整体保存状态有差异。

无一处石窟寺或摩崖造像保存完好。

保存状况较好的石窟寺或摩崖造像，有凤冈太极洞摩崖造像、习水望仙台石窟 [袁锦道墓（祠）]、赤水三会水石窟寺、赤水石鹅咀摩崖造像、赤水红布岩摩崖造像、赤水陛诏观音岩摩崖造像、赤水葫市摩崖造像、赤水金沙摩崖造像、赤水半壁寺摩崖造像、赤水茶土坪观音堂摩崖造像、施秉华严洞摩崖造像、惠水九龙山摩崖造像，共 12 处。

保存状况一般的石窟寺或摩崖造像，有金沙岩孔观音洞摩崖佛像、兴义菩萨洞岩溶造像、贞丰花江摩崖石刻群，共 3 处。

保存状况较差的石窟寺或摩崖造像，有新舟凉风洞摩崖造像、普安观音洞摩崖造像、晴隆盘江桥石刻群、册亨观音岩摩崖造像、天柱金凤山摩崖造像、瓮安来子洞摩崖造像、长顺观音洞摩崖造像，共 7 处。

保存状况差的石窟寺或摩崖造像，有正安龙塘沟摩崖造像、金沙大宝飞云洞摩崖造像、石阡华峰寺摩崖造像，共 3 处。

保存状况较好和一般的石窟寺或摩崖造像，主要得益于公布文物保护单位较早并得以及时保护，所在位置处于地势险要或人迹罕至处，岩体稳定性较好；保存状况不佳的，主要因为长期以来未得到有效保护，岩体稳定性较差，导致彩塑造像随岩石脱落而毁坏。

（三）石窟寺损害变化原因

贵州省石窟寺和摩崖造像中，石刻类造像损害以自然因素为主，主要与岩体稳定性和抗风化程度相关，如正安龙塘沟摩崖造像和金沙大宝飞云洞摩崖造像，前者因为山体岩石脱落而造成彩塑造像数量损毁近半；后者仅存部分彩塑残迹。人为因素造成的损害主要发生于20世纪70年代，如晴隆盘江桥石刻群的朱家民摩崖造像和达摩渡江摩崖造像，损害部位主要是人物造像头部。石阡华峰寺摩崖造像更是由于人为和自然双重因素的破坏而受损过重。

二、石窟寺专项调查成果与文物保护事业发展的关系

专项调查成果可以为提高贵州省石窟寺（含摩崖造像）的保护和研究提供支撑，填补该领域的空白。可以为国家制定石窟寺（含摩崖造像）保护利用专项规划、实施石窟寺保护重大工程、开展中小石窟寺抢救性保护和安全防护设施建设提供更为全面、真实的依据。具体表现在以下三个方面。

（1）通过贵州石窟寺（含摩崖造像）的调查研究，对我们完整、全面、深刻认识川渝石窟文物价值具有重要意义。毫无疑问，贵州石窟寺（含摩崖造像）资源是川渝石窟的贵州延伸部分，是整个川渝石窟的重要组成部分，对我们认识明、清时期川渝石窟文化在贵州地域的传播和演变，深化对这一时期中外文化交流互鉴以及国内的儒释道文化在西南民族地区的传播与融合的认识，进而更好地保护川渝石窟具有重要意义。

（2）通过对贵州石窟寺（含摩崖造像）资源的调查研究，对我们深化整个长江文化的保护传承具有重要意义。保护传承长江文化，是深入推进长江经济带建设的重要组成。贵州石窟寺（含摩崖造像）资源，70%以上分布在长江流域的赤水河綦江水系、乌江水系和沅江水系，是长江文化的重要组成部分，对我们深入认识长江上游地区，流域文化的交流与融合发展，进而更好地保护长江文化遗产具有重要意义。

（3）通过贵州石窟寺（含摩崖造像）资源的调查研究，锻炼了贵州省的相关专业技术队伍，深化了对贵州石质文物与贵州宗教文化的认识，对深化全省石质文物的研究、保护和利用，推动全省文化遗产保护利用具有重要的推动作用。

三、石窟寺专项调查成果与国家经济社会发展的关系

贵州石窟寺（含摩崖造像）专项调查成果的发布，对下一步管理好、运用好石窟寺资源，推动国家经济社会发展具有积极意义。

从社会价值来看，贵州石窟寺（含摩崖造像）是资源中外文化交流互鉴、中原文化与西南民族地区文化交流互动的重要物证、重要成果，是深入认识西南地区文化交流与发展的历史逻辑，展示多元一体文化大国形象的重要物证，对增强文化自觉、文化自信和文化自强，更好传承中华优秀传统文化具有积极意义。

从经济价值来看，贵州被习近平总书记赞誉为"公园省"，习近平总书记要求贵州不断丰富旅游的生态和人文内涵。贵州石窟寺（含摩崖造像）资源分布较为集中的赤水河綦江水系一带，有世界自然遗产丹霞地貌，是国家5A级景区和国家级度假区。管理好、运用好贵州石窟寺资源，对学习贯彻习近平总书记指示，推动以文塑旅、以旅彰文，做好文旅融合这篇大文章，提升贵州旅游的人文内涵，具有非常重要的现实意义。

第六章

政策和保护工作规划建议

一、石窟寺专项调查工作建议

一是建议将专项调查工作建立的全国石窟寺信息管理系统，作为一个长效的管理体系，以利于各省级文物行政部门根据可能有的新发现进行认定和审核。

此次石窟寺（含摩崖造像）专项调查工作，贵州省主要依据1128处第三次全国文物普查石窟寺及石刻类调查登记数据，经过逐一比对，筛选出明确和存疑的共计30处不可移动文物进行实地调查。调查工作中，新发现2处摩崖造像，分别得益于乡镇干部和基层文物工作者提供的信息。

在赤水市调查期间，准备在赤水石鹅咀摩崖造像测绘工作结束后取道长沙镇赴习水望仙台石窟，拟顺路考察茶地坪牌坊。在了解牌坊所在时，长沙镇干部称茶地坪不清楚，但茶土坪倒是有，并请村干部用手机拍照后发给我们确认，意外发现是一座在开凿窟龛上雕凿的牌楼，牌楼门匾上镌刻有"观音堂"3字，经实地调查后认定为新发现摩崖造像。

黔东南苗族侗族自治州天柱县文物局在第三次文物普查后参与了由政协天柱县委员会组织的《清水江文书·天柱古碑刻考释》一书的调查和编纂工作，在天柱县北金凤山发现摩崖造像后归入该书摩崖石刻类。在石窟寺（含摩崖造像）专项调查启动后，他们向调查组提供了信息，经现场调查核实后认定为新发现摩崖造像。

调查组认为在石窟寺（含摩崖造像）专项调查工作结束后，不排除再有零星发现的可能。

二是建议国家文物局能够组织跨省或区域间的石窟寺（含摩崖造像）专项调查成果交流和学习。

此次石窟寺（含摩崖造像）专项调查工作，贵州省文化和旅游厅明确贵州省文物保护研究中心为第一责任单位，具体组织省内外有关专家和技术人员开展调查。通过实践，不但在调查成果的数据质量控制方面与第三次全国文物普查相比有很大提高，对基层文物保护从业人员的专业认知能力也有所提升，但由于后期工作基层人员的参与度不高，缺少地区间横向的学习和比较研究过程。

三是召开研讨交流会议。

四是吸纳大专院校和研究机构专业人员和技术力量参与调查、资料整理和研究工作。

二、石窟寺保护工作建议

一是贵州省现存石窟寺和摩崖造像遗存虽属中小型石窟寺（含摩崖造像），但仍然具有独特的历史、文化和艺术价值，是川渝石窟的重要组成部分。建议将贵州石窟寺（含摩崖造像）资源纳入川渝石窟核心区进行整体保护。

在贵州省所有25处石窟寺（含摩崖造像）中，分布在长江流域赤水河綦江水系的习水望仙台石窟[袁锦道墓（祠）]及赤水石鹅咀摩崖造像、赤水红布岩摩崖造像、赤水陡诏观音岩摩崖造像、赤水葫市摩崖造像、赤水金沙摩崖造像、赤水三会水石窟寺、赤水半壁寺摩崖造像、赤水茶土坪观音堂摩崖造像，乌江水系的金沙大宝飞云洞摩崖造像、金沙岩孔观音洞摩崖造像、正安龙塘沟摩崖造像、新舟凉风洞摩崖造像、凤冈太极洞摩崖造像、瓮安来子洞摩崖造像、石阡华峰寺摩崖造像，沅江水系的施秉华严洞摩崖造像、天柱金凤山摩崖造像，所在区域长期受川渝文化影响（今遵义市行政区域，至清雍正年间才划归贵州管辖），普遍分布在水路的河道沿岸和陆路的古道沿线，既是川渝石窟文化向南传播的物证，也是"茶马互市""川盐入黔"商贸通道的标志，因此，它们是中国南方石窟艺术中非常重要的西南板块川渝石窟的组成部分，只是地处川渝石窟核心区域的边缘。

二是建议提升保护级别，将习水望仙台石窟[袁锦道墓（祠）]、赤水三会水石窟寺升级为全国重点文物保护单位。同时，加强保护力度，对贵州石窟寺资源采取"应保尽保"的措施，对所有遗存进行抢救性保护。

三是建议加强展示利用。对于石窟寺资源如何加强展示利用，邀请中国文化遗产研究院加强业务指导。

三、石窟寺文物保护人才队伍建设建议

贵州省石窟寺和摩崖造像保护工作严重滞后，文博系统包括贵州省博物馆、贵州省文物考古研究所和贵州省文物保护研究中心均缺乏从事石窟寺和摩崖造像保护研究领域的专业技术人员。

一是建议加强业务培训。建立健全面向基层的石窟寺和石刻类保护管理与专业技能培训的长效机制，定期或不定期进行轮训，做到石窟寺和石刻类保护管理机构人员全覆盖。积极参加高级别的石窟寺和摩崖造像相关的教育培训。适量引进石窟寺和摩崖造像相关专业的人才，接收部分大专院校相关专业毕业生，做好人才储备。

二是建议保护资质适度倾斜。由于贵州省缺乏具备石窟寺和石刻类文物保护工程相关设计和施工资质单位，要完成2022年"石窟寺重大险情全面消除"，以及到"十四五"末，"保护传承、研究阐发、科技攻关、传播交流协同推进，石窟寺保护利用水平显著提升，石窟寺文化影响力日益增强"的总体目标，难度是显而易见的。建议国家文物局就石窟寺和石刻类文物保护工程相关设计和施工资质发放，对掌握贵州特色工艺、懂得本土设计和施工的人才进行适度倾斜。

附录

附录一 专项调查工作概况

一、组织保障

为确保石窟寺（含摩崖造像）专项调查工作的有效开展，贵州省文化和旅游厅成立了联络协调组，负责领导整个调查工作。

组长：
许凤伦　贵州省文化和旅游厅党组副书记、副厅长
副组长：
张　勇　贵州省文物局局长

成员：
丁凤鸣　贵州省文化和旅游厅文物处处长
王　江　贵州省文物局文物保护处处长
郭　伟　贵州省文物保护研究中心主任
李世军　遵义市文旅局副局长
甘德富　毕节市文旅局副局长
学术顾问：
孙　华　北京大学教授
刘临安　北京建筑大学教授
杜明义　北京建筑大学教授
专家组：
周必素　贵州省文物考古研究所所长（研究馆员）
李　飞　贵州省博物馆馆长（研究馆员）
张合荣　贵州省文物考古研究所副所长（研究馆员）
娄　清　贵州省文物保护研究中心副主任（研究馆员）
领队：
石　斌　贵州省文物保护研究中心副主任

受贵州省文化和旅游厅委托，贵州省文物保护研究中心作为第一责任单位，编制《贵州省石窟寺和摩崖造像现状调查工作方案》，确保专项调查任务的顺利完成。

二、物质保障

贵州省开展全国石窟寺专项调查工作期间，所需交通工具、各类设备和器材，以及田野调查装备，由贵州省文物保护研究中心自筹，以确保专项调查工作所需。

三、制度建设

作为第一责任单位，贵州省文物保护研究中心由中心党支部书记、主任郭伟负总责，副主任石斌为第一责任人，副主任娄清作为专家组成员，对调查工作进行指导对调查成果进行审核。专项调查工作根据《国家文物局办公室关于开展全国石窟寺专项调查工作的通知》精神，严格按照《全国石窟寺专项调查工作实施方案》要求进行工作部署，专项调查工作实施期间，认真对照《石窟寺专项调查报告体例》《全国石窟寺专项调查登记表》《石窟寺专项调查报告编制说明》《全国石窟寺专项调查相关标准及规范》履职尽责。

四、质量控制

严格按照《全国石窟寺专项调查工作实施方案》质量控制要求，保证所有石窟寺和摩崖造像数据采集与数据处理、调查表格填写、调查报告编制等调查全过程成果的真实、完整和科学。

五、经费投入与使用

根据 2020 年 9 月 10 日《贵州省文化和旅游厅关于开展贵州石窟寺资源暨丝绸之路南亚廊道贵州段调查的通知》，贵州省石窟寺（含摩崖造像）"专项调查所需相关业务费用由贵州省文物保护研究中心承担，省、市、县文旅部门派人参加调查的，差旅费由所在单位归口负责。省文旅厅（省文物局）对省级层面可能发生的业务经费给予适当支持"。专项调查实施期间，共投入调查经费 22.3 万元，其中调查人员差旅费 3.3 万元，调查用车辆租赁（含油费和过路费）6.8 万元，资料费 0.2 万元，设备购置费（无人机）12 万元。

六、人员选调与培训

根据 2020 年 9 月 10 日《贵州省文化和旅游厅关于开展贵州石窟寺资源暨丝绸之路南亚廊道贵州段调查的通知》，贵州省石窟寺（含摩崖造像）专项调查工作，"明确贵州省文物保护研究中心为此次专项调查第一责任单位，具体组织省内外有关专家和技术人员开展调查"。

人员选调上，以贵州省文物保护研究中心专业技术人员为主体，与北京建筑大学所属"北京北建欣源古代建筑科技有限公司"合作，寻求北京建筑大学测绘学院支持及石窟寺和摩崖造像保护管理机构和属地政府的配合，选调相关技术人员，按工作需求组成专业工作队伍。

除利用贵州省文物局举办全省文博干部培训班期间进行相关培训外，更有效的办法是利用实地调查阶段，在调查中针对不同石窟寺和摩崖造像本体，对参与调查的队员进行提前培训和现场教学培训。

1. 省直调查队员名单

石　斌　贵州省文物保护研究中心副主任，文物保护责任设计师，项目领队
娄　清　贵州省文物保护研究中心副主任，文物保护责任设计师，专家组成员
唐秀成　贵州省文物保护研究中心规划设计室副主任，文物保护责任设计师
洪　涛　贵州省文物保护研究中心技术室，专业技术人员
刘多山　贵州省文物保护研究中心规划设计室，文物保护责任设计师
王　彬　北京北建欣源古建科技有限公司贵州公司工程师

2. 市县调查队员名单（以参与调查时间先后为序）

何　烨　遵义市文化旅游发展中心副主任，文博副研究馆员
韦　玮　赤水市文物保护中心主任，文博副研究馆员
胡　明　赤水市文物保护中心，专业技术人员
赵中良　赤水市旺隆镇党委书记
王德维　习水县文物保护与研究所副所长
陈　聪　习水县文物保护与研究所，专业技术人员
王彬彬　贵州省兴义市文物保护管理所，专业技术人员
彭　龙　册亨县文物管理所，副研究馆员
田洋宇　贞丰县文物管理所，专业技术人员
覃　琪　贞丰县文物管理所，专业技术人员
陶永代　晴隆县文物管理所负责人
曹家财　石阡县坪地场乡党委副书记
李昌周　石阡县坪地场乡组织委员
黄文明　石阡县坪地场乡汪河村主任
何　欢　施秉县文物局局长
熊玉飞　凤冈县文体旅游局，原副局长
田茂国　正安县文管所负责人，文博副研究馆员
陈　彪　正安县文管所工作人员，文博助理馆员
龚安全　正安县流渡镇文化站站长
龙孝喜　正安县流渡镇百花村副主任
熊　鹰　新蒲新区文体旅游局产业发展中心副主任
梁　爽　新蒲新区文物保护和研究中心，专业技术人员
杨秀东　新舟镇文化站站长
郑远文　毕节市文化遗产管理局局长
戴　犁　毕节市文化遗产管理局主任科员

邹海波　金沙县文化遗产保护中心，专业技术人员
杨仁炯　天柱县文物局局长
陈　圆　瓮安县文化广电和旅游局副局长
李　恒　瓮安县博物馆（文化遗产保护中心）负责人
王　煜　惠水县文化遗产保护中心主任
龙小萍　惠水县文化遗产保护中心原主任，已退休

3. 数字测绘工作组名单

黄　明　北京建筑大学教授，博士
郭　明　北京建筑大学副教授，博士
王国利　北京建筑大学副教授，博士
周玉泉　北京建筑大学在读研究生
余光宇　北京建筑大学在读研究生
张新宇　北京建筑大学在读研究生
周川力　北京建筑大学在读研究生
于腾飞　北京建筑大学在读研究生
王祉麟　北京建筑大学在读本科生

4. 资料搜集整理队员名单

邓义镔　贵州省文物保护研究中心规划设计室，专业技术人员
陈　会　贵州省文物保护研究中心档案资料室，专业技术人员

七、实地调查

贵州省石窟寺（含摩崖造像）专项调查工作流程采取前期准备、实地调查、资料汇总并登录、完成调查报告编写并上传4个步骤。

1. 前期准备阶段

调阅贵州省第三次全国不可移动文物普查"石窟寺及石刻类"1128处调查登录数据，逐一进行梳理和比对，筛选出明确和存疑的石窟寺（含摩崖造像）不可移动文物。

针对筛选出明确和存疑的石窟寺（含摩崖造像）的共计30处不可移动文物，在查阅可能搜集到的相关文献的同时，结合其地理分布和区域气候特点制订实地调查工作计划。

2. 实地调查阶段

计划于 2020 年 10 月 19 日启动，于 12 月 31 日结束实地调查阶段。后因 1 处疑似摩崖造像待核实，加之低温雨雪凝冻天气持续，被迫延至 2021 年 1 月 25 日才全面完成实地调查任务。

3. 资料汇总并登录阶段

原计划于 2021 年 3 月 31 日完成。

根据国家文物局"2020 年 10 月至 2021 年 3 月为第二阶段，主要任务是以省域为单元，组织开展实地调查和数据信息登录工作"的调查时间安排，以及《全国石窟寺专项调查工作实施方案》要求完成的工作任务，将重点放在"调查小组及时整理、录入调查资料和信息数据，各调查小组负责人负责审定，保证资料、信息和原始数据真实完整"，并承担"省级文物行政部门检查复核，及时将调查数据报中国文化遗产研究院"的工作任务。经过调查小组全员努力，于 2021 年 3 月 22 日将 25 处石窟寺（含摩崖造像）调查数据上传。

4. 完成调查报告编写并上传阶段

原计划于 2021 年 4 月 30 日完成。

实施阶段根据中国文化遗产研究院和国家文物局要求"石窟寺（含摩崖造像）专项调查报告"和"贵州省石窟寺（含摩崖造像）专项调查工作报告"（初稿）已提前于 2021 年 3 月底前完成并上传。

附录

附录二 调研实录

一、2020年10月19日

省直调查组在领队石斌带领下,娄清、唐秀成、王彬一行由贵阳出发,在汇川区与遵义市文化旅游发展中心副主任何烨会合后,抵达赤水市。

赤水市赤水河夹子口河段

二、2020年10月20日

上午已开始下雨。10点,调查组与赤水市文物保护中心胡明,抵达两河口镇两河口社区,镇科技宣传服务中心的李开阳陪同调查,他是上海理工大学的本科毕业生。

石窟寺在山崖上"老虎嘴"中,距两条河流交汇的水面相对高差近百米。门外东侧山体岩石处有"土地祠"造像1龛,镌刻有"显威灵护佑;保众姓平安"对联,只是未见开凿时间。

赤水三会水石窟寺洞窟是利用额状崖洞内风化岩槽摩崖成壁,并于壁上开凿佛龛,龛内造像。佛龛分三层,顶层2龛,中间一层4龛,底层1龛偏于东侧,佛龛下部砌筑有红砂石质香台。在1窟7龛中造像8尊,包括毗卢遮那佛、阿弥陀佛、释迦牟尼佛、

前往赤水三会水石窟寺的古道

文殊菩萨、普贤菩萨、自在观音、目连和达摩造像。据说另有一尊华山圣母造像因崩岩被毁。石窟寺开凿于清乾隆年间，摩崖造像间镌刻有同治□年1方、同治十一年（1872）2方及光绪二十九年（1903）1方，共4方俗称"连山碑"的摩崖石刻，遗憾的是，因后期改造窟檐和增设塑像，致使其中3方遭到不同程度的损毁。可喜的是，现已安装有视频安防监控系统，且能正常使用。

赤水三会水石窟寺

调查组在赤水三会水石窟寺合影

中餐后,由赤水市旺隆镇党委书记赵中良同志陪同前往朝阳村七组,调查1982年2月23日公布的第一批省级文物保护单位赤水石鹅咀摩崖造像。

"石鹅咀"属上侏罗统淡紫色砂岩构成的丹霞地貌,山顶石头向外翘起,形成天然的窟檐,1尊观音菩萨造像处于红色砂石崖壁上。观音菩萨著衣持钵,跣足踏莲,立于龙首上,神态庄严,慈祥而又洒脱,身着右衽圆领广袖袍,头戴冠帽,帽中有佛像。明显感觉到该造像是剔地高浮雕后加灰塑,再通体施彩绘。只是雨后有雾,照片拍摄效果不理想。造像下有小青瓦重檐四角攒尖顶木亭,占地面积10余平方米,结构较为奇特。亭内设有祭拜用的石台,入口处立有2通功德碑。

赤水石鹅咀摩崖造像

调查组在石鹅咀开展调查工作

继而,应赵中良书记邀请,调查组在先后增加调查了旺隆民居、木龙岩摩崖石刻和中央红军长征期间在旺隆留下的革命文物后,于晚上6点赶到葫市镇,在位于葫市村赤水河葫市滩河段右岸,调查1982年2月23日公布的第一批省级文物保护单位赤水葫市摩崖造像。

调查木龙岩摩崖石刻

调查赤水葫市摩崖造像

赤水葫市摩崖造像共 13 尊，上下 2 排，上 7 尊，下 6 尊，均为高浮雕彩绘全身像。每像大小不一，姿态各异。整个造像群结构严谨，人物形象性格鲜明但残缺不全。造像群的左面石壁上，有阴刻造像题记 3 方，可惜文字已大部分风蚀难辨，但仍可辨识是乾隆年间之作，其中 1 方题有"乾隆癸亥"字样。从题记得知，这些造像的个体是分次凿成的。这里原是赤水河上往来商旅祈祷平安之所。葫市场是赤水河中游一个水陆码头，与川南交往频繁。交通方便，商业活跃。反映在造像群中，有"镇江"的"王爷""杨四将军"，有佛家的菩萨，体现出民俗、宗教信仰综合特色。

三、2020 年 10 月 21 日

中午，由赤水市抵达习水县三岔河镇三岔村，与习水县文物保护与研究所陈聪会合，陈聪向调查组提供了已有的相关资料。中餐后先调查岩上组同为省级文物保护单位的三岔河崖墓，该崖墓公布名称为"三岔河摩崖"。三岔河崖墓遗存的石刻和岩画，是迄今贵州发现同类型不可移动文物最早者。

三岔河崖墓

三岔河群众

此时，接到贵州省文化和旅游厅文物处丁凤鸣处长电话，得知国家文物局已下达进行石窟寺（含摩崖造像）专项调查的通知，要求结束今天调查后，尽快返回，根据国家文物局要求调整调查方案和工作计划。

离开三岔河崖墓后，调查组顺道先在纸厂沟调查袁锦道筑路碑。修路是袁锦道毕生所做的3件大事之一，当年他修通了自大溪沟经两岔河、园潭子、茨竹溪、洗鱼口、红洞，接通四川江津的道路，长"约数十里"。碑为六棱碑，有六角攒尖顶碑帽，无碑座。坐西南向东北。

下午2点半，调查组经登山旅游步道抵达望仙台，调查位于习水国家森林公园和国家级自然保护区内，习称"望仙台石窟"的省级文物保护单位习水袁锦道墓（祠）。

袁锦道筑路碑

东西二窟

石窟位于三岔河河湾围椅形山崖南侧，沿额状崖洞内壁横向分布，东西长约30米，占地面积近300平方米。窟外下部为陡崖，崖底是三岔河河湾。东西两窟紧邻，西窟为袁锦道祠，洞窟较浅，东窟为"望仙台"寺，洞窟较深。窟前建窟檐，形成连廊，平面布局依围椅形山崖呈弧形。

洞窟利用额状崖洞内风化岩槽造像。东窟"望仙台"寺，主龛位于中部，形制呈横长形，龛内造像3尊。此前所有资料显示，3尊造像"中为释迦牟尼，左为迦叶，右为阿难"，经此次调查发现，3尊造像体量、体貌、衣着，包括莲台和背光均十分相似，甚至肉髻螺发也一样，惟手、臂手掌的位置和造型不同，因此，初步认定此3尊应为"三世佛"造像，即中央释迦牟尼佛，东方药师佛，西方阿弥陀佛。上方窟顶镌刻"真如密谛"4字。两侧镌刻"悬崖崔巍恍来鹫岭三仙岛；佳木郁茂俨住祇国一汽清"对联1副。西侧还有造像2组，上下布局，山面为三官造像，是道教较早供祀的神灵，所谓天官赐福，地官赦罪，水官解厄。造像作端坐状，均身着右衽广袖长袍，仅冠帽、神态有差。造像左右镌刻"祈三官佑百福；求神恩纳千祥"对联1副，上部镌刻"天地水秀"4字。下面为佛教的护法菩萨"韦陀"造像，立像，身披铠甲，上下饰飘带，冠带前部有饕餮纹饰，双手握剑于胸前。造像左右镌刻"站佛台一方清吉；抗降魔百邪扫除"对联1副，上部镌刻"威镇名周"4字。韦陀造像与对联之间还镌刻有序文，记开凿三官和韦陀事，此役"鸠首：王登荣，山正：袁锦道、袁正一、赵元清，雕匠师溪永理"，为"嘉庆十年乙丑岁姑洗月是日吉旦王济川敬刊"。造像下部以石砌祭台相连，台上安置光绪二十年（1894）培修后供奉的

东窟内三官和韦陀造像

圆雕神像48尊，其中木东窟外靠近悬崖边有一座建于同治五年（1866）农历六月的"字库"塔，塔铭上有"同治丙寅暑月谷旦立"等文字。

西窟袁锦道祠，在开凿的"征侍郎坊"内，有造像4尊，均为坐像。据说4尊造像分别为"袁氏及其一妻二妾"。但作为祠堂，古代是禁止妇女入内的，此说存疑，有待进一步研究。

"征侍郎坊"造像是利用额状崖洞内风化岩槽整体开凿而成，四柱三门五楼仿木结构。由楼柱和大额承托上部正楼和次楼，楼柱和边柱共同承托边楼。牌坊下还有管家和侍女圆雕像各1尊，是光绪二十年（1894）培修后添置。

征侍郎坊内造像　　　　　　　　　　　　　　　　"望乡台遗赞并序"摩崖石刻

布袋和尚造像

"征侍郎坊"造像，形制较为独特，经征询陈聪得知，三岔河镇现仍有一些牌坊遗存，调查组决定稍后前往一探，便于与该坊进行比较研究。

西窟以西，有代表性的"望乡台遗赞并序"摩崖石刻，镌刻于清嘉庆十五年（1810），为袁锦道的表侄"辛酉科举人"任之楷撰文，堂侄袁书浩书丹，匠师候永理镌刻。内容包括题、序、赞、款识4部分，以及嘉庆十五年的"袁锦道捐修望仙台碑记"、咸丰十一年（1861）"望仙台护林碑"和光绪二十年（1894）"培修碑记"等。

再往西，山岩上还有利用凹陷崖壁开凿的一处圆形造像。造像中的人物盘腿而坐，体态肥胖，袒胸露腹，双手垂握腰带。这"大肚弥勒"应即"布袋和尚"。整日袒胸露腹的布袋和尚，世传为弥勒佛之应化身，身体胖，眉皱而腹大，出语无定，随处寝卧。

离开望仙台，调查组顺路调查仍有不少遗存的袁锦道所筑通四川古道。

在石窟寺顶上古道旁，遗存有建于清嘉庆十四年（1809），二柱三楼红砂岩材质的"护国宫"牌楼一座。行走的近3千米古道保存尚好。下午5点，走到上纸厂沟时，道旁临溪处，又见修路碑记1通，同为六棱碑，区别为此处是重檐六角攒尖顶。该碑已分别由遵义市和习水县人民政府公布为市县级文物保护单位，且立有保护标志牌。

古道

"护国宫"牌楼

上纸厂修路碑

下午5点50分,赶到三岔村水井组调查袁何氏墓,从墓碑碑额镌刻的"癸山丁向"看,该墓坐北偏东向南偏西,可简述为坐东北向西南。墓为"皇清待赠孺人袁母何太君之墓",何氏系袁培环妻。墓围前有四柱三门三楼石牌坊一座,系墓坊。

　　晚上6点,来到今天最后一个调查点,南北向立于三岔河镇狮子村风水垭组一片坡度较缓树林里的何袁氏节孝坊。该坊四柱三门五楼,在正楼和次楼间,用高拱柱承托正楼。只是该石坊的高拱柱用方柱,而袁锦道祠仿木坊的高拱柱雕凿呈圆柱形。就此看,该地四柱三门五楼的牌坊,是有高拱柱做法的。

袁母何太君之墓

何袁氏节孝坊

　　何袁氏节孝坊的另一特点是未向其他牌坊般跨道建立,而是选择独立修建在山边,仅正面有装饰性雕刻纹样,背部基本为净面。看来三岔河一带的袁氏与何氏是互为亲家的姻亲关系。

　　原以为牌坊后部的石砌台地上是否有何袁氏墓,系坊墓结合。经调查确定,石砌台地仅仅起挡土的作用。

四、2020年11月17日

　　昨天下午5点,调查组队员石斌、娄清、洪涛,乘北京北建欣源古代建筑科技有限公司经理王彬租的一辆小型客车从贵阳出发,到茅台机场迎接北京建筑大学测绘与城市空间信息学院的信息化测量队伍。

在茅台机场接机

昨晚10点45分，北京建筑大学测绘与城市空间信息学院黄明教授、郭明和王国利副教授3位博士带领的，以周玉泉、余光宇、张新宇、周川力、于腾飞5名在读研究生和在读本科生王祉麟组成的信息化测量队伍，安全降落，抵达赤水入住酒店已是今日凌晨。

今日天气晴好。中午11点，调查组抵达原石鹅村所在的旺隆镇朝阳村七组。旺隆镇党委赵中良书记仍然亲临，携镇科教中心贾启秀和朝阳村委会副主任李晓梅协助调查组工作。信息测绘小组和石斌分别准备好无人机后出发，11点15分抵达石鹅咀摩崖造像下的亭子前。随即开展信息测绘工作。

测绘组准备工作

发现碑刻

娄清和洪涛攀爬到石鹅咀顶部，发现残碑1通。额题"万古标名"4字。首题文字残缺，可识者有"音川主碑引重塑山"几字。碑文大致内容为："……积善之家，必有余庆，伸之有感，而人岂无善意乎？今我本地石鹅山，古来有大佛一尊，风雨漂淋，金身颓坏。余目□□怀重修观音，新修川主，装塑形像，灿然一新。独立难□，爰订册募化四方。诸君乐从，不吝倾囊，共□锱铢□□厥成，乃积以沾善果，永垂不朽。是以为序。"

刚从山顶下到亭子处，北京建筑大学同学们使用的无人机意外坠落，师生们根据判断，就近在竹木林中搜索，半个小时后一无所获。时过正午，赵中良书记建议调查组的队员们先行吃饭，饭后再找。

即将午餐时，贵阳籍在读研究生余光宇同学脚踝以下被汤烫伤，赵中良书记赶紧安排车辆并派人陪同余光宇到镇上卫生院治疗。

饭后返回石鹅咀，仍未找到无人机。在赵中良书记协调下，委托朝阳村村支两委组织村民帮助寻找后，调查组在旺隆镇辞别赵中良书记，接上余光宇，赶赴赤水市市中街道办事处滨江社区的东门附近，调查尚未核定公布为文物保护单位的不可移动文物半壁寺摩崖造像。

造像所在已为当地百姓宗教活动场所，外观是紧贴岩壁所建的一层砖混结构建筑，入内观察，原窟檐遗迹尚存。摩崖造像为独立窟龛，石龛较小，龛内凿一观音像坐像，面目慈祥，手捧净瓶盘坐于莲台之上。造像所在岩壁下建有香台，台上摆置有2尊彩塑金童、玉女像。3尊造像像身鎏金、皮肤略红、头发乌黑、色彩鲜艳。据称造像下方有一碑刻，已被香台遮挡。

半壁寺

测绘组准备工作

经调查，此处原称"半壁寺"，下为赤水河右岸，河滨东路是后来新建的。据相关文献记载，东门外原有镇江王庙东岳庙、海灵宫、准提庙、川主庙，独不见"半壁寺"。镇江王庙就在附近，海灵宫就在造像所在的山体上面。

今日，北京建筑大学刘临安教授与何欣也乘机抵达，赤水市文物保护中心胡明接机后陪他们先行考察几处石窟寺和摩崖造像，晚上共进晚餐得以与调查组全体队员进行交流。

数字化测量赤水三会水石窟寺

数字化测量赤水葫市摩崖造像

另一队由唐秀成、刘多山和杨柱学组成的调查组，今日完成文物保护工程项目的验收工作，明日启动黔西南布依族苗族自治州范围内的石窟寺（含摩崖造像）的专项调查工作。

五、2020年11月18日

调查组从上午10点开始，先后在赤水三会水石窟寺和赤水葫市摩崖造像进行信息测绘工作。

下午2点20分，信息测绘对象是尚未核定公布为文物保护单位的不可移动文物赤水金沙摩崖造像。

造像位于葫市镇金沙村金沙沟入赤水河口处左岸南侧，地处上白垩统嘉定群近水平红砂岩旁凹状崖壁上，距离河口水面相对高差约40米，属于红色砂泥岩层被风化形成的岩穴。

数字化测量赤水金沙摩崖造像

赤水金沙摩崖造像

造像沿凹状岩壁横向分布，为1窟2龛，共一层，右龛为5尊造像，左龛为1尊造像，共6尊，呈一字横向排列。右龛造像，中间3尊为"三母"像，两侧对称各有体形稍小的侍从像。左龛为"药王"造像。6尊造像中，最高的0.8米，最矮的0.5米。整个造像群结构严谨，人物形象性格鲜明。各造像像身均涂彩色颜料。造像东侧石壁上，有摩崖石刻3方，内容因风化严重难辨，期待以后能够通过捶拓进行识别。

赤水陛诏观音岩摩崖造像

该处摩崖造像所在，现为当地百姓宗教活动场所，信众在岩壁下建有混凝土香台，岩壁上及祭台摆设有数尊佛塑像。窟前紧邻岩壁建有一层青瓦顶砖木结构简易建筑，使摩崖造像被建筑包含，便于参观、保存。原窟檐遗迹、寺院遗址不存。

在元厚镇科教中心2名同志带领下，往元厚镇陛诏村村北150米陛诏沟出赤水河河口左岸，调查尚未核定公布为文物保护单位的赤水陛诏观音岩摩崖造像。造像所在，属上白垩统嘉定群红砂岩构成的丹霞地貌，具体而言是由崩塌的岩块、岩屑堆积在崖麓或谷底形成的崩积丹霞地貌。据当地口碑相传，造像最初开凿于清乾隆初。后因岩石崩塌，观音像随崩塌岩石倒覆，是此地地名又叫"倒观音"的缘由。

石壁上凿龛，龛高1米，宽0.8米。龛内为观音菩萨造像，着衣持钵，跣足盘坐于双层莲台之上，头戴冠帽，身着广袖袍，拱鼻大耳，发披于肩。龛上部横向镌刻行楷"观音岩"3字。龛两侧镌刻行楷抱对"俨然西湖胜景；恰似南海名山"1副。龛东侧0.3米许，有竖向行楷"光绪十四年八月□□日重□"墨书壁题。

晚上6点，调查组抵达四洞沟，调查开凿于山脚岩石上的"山王祠"。在独立窟龛的门额上，镌刻"山王祠"3字，镌刻"山为犀物主；王乃万民安"抱对1副。由于"山王"雕像系安置之物，非原生岩石上雕凿的造像，不能作为石窟寺（含摩崖造像）登记于录。

同日，黔西南调查组的唐秀成、刘多山和杨柱学，在兴义市文物保护管理所王彬彬带领下，调查了市县级文物保护单位兴义菩萨洞岩溶造像。

8点50分，调查组由兴义市抵达泥凼镇泥凼社区沈家坡组，造像坐落在该组龙荫大山半山腰菩萨崖。9点25分到达坐西南东北向的洞口，洞口上部是陡峭险峻的悬崖，属典型的锥状喀斯特中山峰丛山地地貌，龙荫大山为二叠系地层，处云贵高原向广西丘陵过渡的斜坡地带边沿，地势西北高，东南低，山峦起伏、河流纵横，喀斯特地貌发育良好。

兴义菩萨洞岩溶造像

调查兴义菩萨洞岩溶造像

造像在菩萨洞内共有造像10尊。光绪年间，乡人以洞厅为窟龛，利用洞内石笋、石幔、石钟乳造像，因名"菩萨洞"。造像内容包括文殊菩萨、观音菩萨、弥勒佛像等4尊。各尊菩萨造像著衣持钵，或跣足盘坐于莲台之上，或自然端坐，菩萨头戴冠帽，身着广袖袍，拱鼻大耳，发披于肩，神态端庄。弥勒佛像卧于石上，神情欢快，轻松自然。另有寓意不同的狮、龙、鹿、猴、象、桃、牡丹等动植物造像。此外，二层洞口地面留有原栏杆卯口8眼。

六、2020年11月19日

计划经长沙、长期、官渡三镇和石堡乡后往习水县三岔河镇，顺道调查长沙镇的沈家坝牌坊。

根据大疆公司昨晚提供的无人机最后卫星定位信息，调查组出发后再上石鹅咀，很快在竹林间临山崖处找到无人机，向赵中良书记通报消息并表示感谢后，驱车前往长沙镇石场村。

在镇上，与韦玮安排胡明通知的石城村支部书记取得联系后，他随车带我们前往。路上问及周边是否还有一个"茶地坪牌坊"，他说不清楚，但他们村的茶土坪观音岩倒是真有，可以先去看看，返回时看沈家坝牌坊。车辆来到市县级文物保护单位"沈家坝牌坊"时，正在进行村道的整修，利用等候之机，决定先行调查这座牌坊。

沈家坝牌坊

牌坊立于儒林郎严登首墓前，实为墓坊。牌坊为四柱三门五楼砂石质。楼柱上置定盘枋，枋上圣旨牌居中，牌上为正楼。圣旨牌左右为坐斗承托的次楼，无高拱柱。定盘枋正面浮雕人物故事4组，背面镌刻"勅授儒林郎严登首立"9字。定盘枋下，上额枋间为"字碑"，正面镌刻寓意蒙受皇恩的行草"枫陛承恩"4字，背面镌刻楷书"怀阳人杰"4字。上额枋正面浮雕人物故事1组，背面镌刻文字漫漶难识，对照墓碑看，应为严登首之子、媳一众姓名。上额枋与下额枋间的花板，正反两面镌刻文字相同，均为敕命严登首为儒林郎的颁诏内容，时间是"嘉庆十五年十二月十三日"。下额枋正面浮雕人物故事3组，背面镌刻7人姓名，对照墓碑看，为严登首之孙辈一众。下额枋下为高浮雕雀替。

边柱柱顶置额枋与楼柱相连，略低于楼柱间之上额枋。额枋下为花板，花板下为花枋。额枋正面施高浮雕。花板两面均镌刻文字，内容分别为"题松溪严公坊。即铨直隶州正堂杨云敬撰""题松溪叔大人坊。候铨儒学正堂侄敏敬书""题松溪严公坊。即铨儒学正堂王心达拜撰""题松溪叔大人坊。候铨儒学正堂侄光显敬书"4人所题诗文。

牌坊雕刻尚算精美，但风化严重。整坊无对联，倒是少见。坊两侧各立有墓表一，应是贵州所见最高者。

待修路机械挪开后，调查组得以继续驱车前往茶土坪。

茶土坪在山腰处，并无坪地。沿公路旁的古道下行，一处被称为观音岩的山崖处，依崖建有木亭。进入木亭后观察发现，观音岩仍属于典型的由凸片状风化剥落形成的丹霞地貌。道旁凸出岩石东北向凿有一龛，主体内容形似四柱三楼的牌楼。这虽非我们想象的牌坊，却是我们专项调查想寻找的，真是意外收获，令人欣喜。

赤水茶土坪观音堂摩崖造像

绘制造像和建筑图

对造像及建筑进行测绘

据过往村民介绍，最初窟龛离地 5 米，高悬在崖壁上。后人在下部筑台，修建木亭。那光绪摩崖石刻所记，是否指的木亭，如是，则为 1897 年之事。木亭建筑面积 10 余平方米，为单层穿斗式木结构歇山小青瓦顶建筑。

在长沙镇中餐后驱车前往习水县三岔河镇，抵达丹霞谷酒店时，习水县文物保护与研究所副所长王德维也刚好到达。

黔西南调查组在册亨县文物管理所副研究馆员彭龙带领下，调查了位于册亨县坡妹镇秧亚村海尾组的册亨观音岩摩崖造像。

册亨县位于南、北盘江汇入红水河的夹角地带，地形上属黔桂边境的中高山区，造像所在区域属碳酸盐岩区岩溶地貌，岩溶山地、峰丛、洼地呈大面积分布。

册亨观音岩摩崖造像又名者王摩崖浮雕观音像。造像所在崖壁坐西南向东北。造像凿于清嘉庆二十三年（1818）。有观音造像 1 尊。观音手托宝瓶，盘坐于莲台上。造像两侧阴刻"救苦观音多显圣；神在须空保万民"对联 1 副，落款为"戊寅年观音岩张石匠"。遗憾的是，观音造像左臂和头部局部损坏。崖壁下遗存的一个石柱础上，刻有"牛王""星光出行巡图"图案。原有建筑毁于 20 世纪 70 年代。另存方首抹角石碑 1 通，已破损。

册亨观音岩摩崖造像

调查册亨观音岩摩崖造像

七．2020 年 11 月 20 日

上午，调查组对袁锦道祠所在的擎仙台石窟进行信息化测量。队伍 9 点半从酒店出发，10 点一刻抵达袁锦道祠。

原本看似无聊但有序进行的信息化测量工作，被 2 次意外打破。中午 12 点刚过不久，放置在室外护栏柱头，用于扫描定位的球体意外滚落向悬崖边上。正当队员们想尽各种办法准备捡球时，文物保护单位袁锦道祠的看护员，年过 70 岁的徐贤学大爷（微信昵称"深山药王"）系上安全绳后直接下至悬崖边缘，不到 5 分钟，将定位球取回，身手之敏捷让人叹服。不一会，靠近大门附近的定位球再次滚落，因下面正好是一块台地，队员们自己从台地旁悬崖边的树丛里找到。

中餐后，调查组离开三岔河镇返程。

调查组在袁锦道祠合影

数字化测绘东窟造像

数字化测绘西窟造像

徐贤学大爷取回定位球

  黔西南调查组唐秀成、刘多山、杨柱学在贞丰县文物管理所田洋宇、覃琪陪同下，先行于上午10点调查全国重点文物保护单位贞丰花江摩崖石刻群。

  贞丰花江摩崖石刻群几乎都分布在北盘江南岸古道旁，内容基本上以反映花江铁索桥的修建经过为主。保存较好的有20余处摩崖石刻，包括清光绪二十六年（1900）"建修花江铁索桥记"、光绪二十七年（1901）"重建花江铁索桥记""重修铁索桥功德碑记""炳堂蒋公军门大人新建花江桥成纪石""拟筹花江铁索桥岁修规程记""计开章程条例于左"、光绪二十八年（1902）"补修花江路序"、民国"培修花江铁索桥记"、1986年"维修花江铁索桥记"等，以及"履道坦坦""万缘桥""彩虹双映""飞虹""贞丰县北界""花江桥""功成不朽""屹然大观"、1952年"贵州省人民政府交通厅改建"等摩崖石刻。另有"普陀真境""龙王宫"和"山神祠"及圆雕石龙等已经淹没于北盘江梯级电站之一的董箐水电站库区。调查的重点是"蒋炳堂行乐图"摩崖造像。

贞丰花江摩崖石刻群（局部）　　　"蒋炳堂行乐图"摩崖造像　　　淹没于水电站库区的"普陀真境"摩崖造像

调查组于下午 2 点调查完市县级文物保护单位"神仙洞"后，赶往普安。4 点半，在普安县南湖街道十里村青龙山麓观音岩中部观音洞，调查市县级文物保护单位普安观音洞摩崖造像。

该洞徐霞客在其《黔游日记》里提及："闻水声淙淙甚急，忽见一洞悬北崖之下，其门南向而甚高，溪水自南来，北向入洞，平铺洞间，深仅数寸，而阔约二丈。洞顶高穹者将十丈，直北平入者十余丈，始西辟而有层坡，东坠而有重峡，内亘而有悬柱，然渐昏黑，不可攀陟矣。此水当亦北透而下盘江者。出洞，征询问洞名于土人，对曰：'观音洞'。征其义，以门上崖端有置大士像于其穴者也。"

据《普安县志》（1999）记载清乾隆四十八年（1783），普安知县镌刻"甘露泉""龙引池"各 3 字，与众邑绅耆捐款在洞门两旁依崖造"二龙戏珠"像。民国年间为普安八景之一。

观音洞石窟　　　　　　　　　　　　　　普安观音洞摩崖造像局部

八、2020 年 11 月 21 日

黔西南调查组唐秀成、刘多山、杨柱学在晴隆县文物管理所陶永代陪同下,调查全国重点文物保护单位晴隆盘江桥石刻群。

晴隆盘江桥石刻群分布于清代盘江桥遗址北盘江东西两岸,多为摩崖石刻,有少量碑记、造像。东岸保存"力挽长河""盘江飞渡""桥横云汉""盘江桥记"摩崖石刻 4 方,其中"盘江桥记"为连山碑;西岸今保存"朱家民"摩崖造像 1 尊、"朱氏鼎钟""在德""一线缝空""铁锁盘江""一派别景"摩崖石刻 5 方、"重修盘江铁索桥碑记"碑 1 通。其中朱家民摩崖造像,位于西岸崖壁上,离地约 20 米,竖长方形,高约 2 米,宽 1.5 米,作端坐状,开凿于明崇祯三年(1630 年),现头部受损。

是日,黔西南调查组返回贵阳。

晴隆盘江桥石刻群(局部)

朱家民摩崖造像

九、2020 年 12 月 2 日

调查组成员石斌、娄清和杨柱学,从铜仁碧江赶赴石阡,调查石阡华峰寺摩崖造像。由于石阡县文物局高强正在脱贫攻坚战一线驻村,特委托石阡县坪地场乡党委副书记曹家财、乡组织委员李昌周和摩崖造像所在汪河村主任黄文明陪同调查。

造像在汪河村老屋基村民组的北侧半山中,坐东向西,西面为大山,东面山脚为凯峡河谷,地处武陵山脉西南边缘,龙川河东南面各支流源头及沅江支流的源头,为白云岩沉积地层。

洞窟为半山凸出岩上开凿而出的窟龛,窟龛为独立一窟。窟中摩崖造像 6 尊,其中 3 尊佛像位于窟龛正面,从左到右分别是燃灯、如来、弥勒。燃灯大师造像位置较之稍低,盘腿斜坐,面朝南,面部表情尚能分辨。如来、弥勒造像同高,盘腿而坐,上半身及头部因残损严重,无法辨清。另有一佛像位于窟龛左侧岩壁,造像为替痛佛。在弥勒、替痛佛之间的 2 尊小佛像则是面朝正中的弥勒站着,手中似乎提着什么,残损严重,分辨不清。

下午 2 点半,调查组赶到黔东南苗族侗族自治州施秉县甘溪乡甘溪村凉风坳华严洞,施秉县文物局局长何欢同时到达,陪同调查省级文物保护单位施秉华严洞摩崖造像。

石阡华峰寺摩崖造像

华严洞观音造像

施秉华严洞

各时期《贵州通志》和乾隆、道光《镇远府志》对华严洞其地均有载述。明、清两代各个时期，在此留有"灵云盘结""洞天福地""西峤飞来""如来度化""洞天深处""空中楼阁""含吐十□""衔花处""万历甲辰仲冬清浪参将董献策刊石以纪其盛"，及"山光草色天成秀""水曲崖奇地结灵"，横批"空色大观"十数处摩崖石刻，利用天然岩溶加以人工雕凿的自在观音摩崖造像1尊。

调查组组长石斌因事返筑。娄清和杨柱学继续赶赴凤冈县进行调查。

十、2020年12月3日

为确保调查计划完成，上午8点，娄清和杨柱学在凤冈县文体旅游局原副局长熊玉飞陪同下，抵达市县级文物保护单位凤冈太极洞摩崖造像所在何坝街道水河村开始调查。

太极洞

太极洞造像（局部）

太极洞所在，是一个长达3千米的山体和洞穴系统，整个山体由大大小小的角砾岩构成。其形成于7000万年前的中生界晚白垩世角砾岩组成的北东—南西向的山地、洞穴系统。由低洼地向斜构造中，由山洪暴发时被水流击下，大大小小的卵石不断汇集于低地中堆积起来，日积月累，称为洪积扇，通过地质成岩作用，这些大大小小的卵石逐渐形成了角砾岩。在造山运动的影响下，这片洼地高高隆起，变成了现在所见的模样。

造像开凿于清道光年间，分布在太极洞最大的洞穴岩壁及洞外不同区域。在洞中部，北壁摩崖造像共6尊，1尊在石壁上部，距地面7.3米，造像高1.5米，结跏趺坐，袒胸露腹。2尊在石壁左下角，距地面1.4米，造像高1.4米，垂目屈膝，安适静坐，容貌慈祥。其余3尊在前造像上部距地面2.8米，双手执符，含笑远视。

上午9点半，调查组将熊玉飞送至县城后，即上高速公路赶赴正安县，途中山体因昨夜初雪，已是银装素裹。中午11点刚过，下高速与文博副研究馆员，正安县文管所负责人田茂国和该所文博助理馆员陈彪会合后，赶到流渡镇镇府。中餐后准备好雨鞋，在正安县流渡镇文化站站长龚安全、流渡镇白花村副主任龙孝喜陪同下，前往调查正安龙塘沟摩崖造像。

调查组在龙塘沟合影

龙塘沟

流渡镇境域为沉积地层，地质类型多样，龙塘沟一带沟壑纵横，坡陡谷深，地表切割破碎。地貌则属碳酸盐岩地区。调查组沿流渡镇新桥村南斯组白石背龙潭沟前行，数度跨越溪流，将近下午2点，抵达。造像东西向分布在龙塘沟小地名灵水洞（或灵水庙）的古盐道旁北侧一段山崖上，整体坐北向南，局部坐东北向西南。东侧一组在灵水洞洞穴内，有清泉一眼，常年不枯，造像位于洞穴外岩面上，面积约50平方米。西侧一组相距100米，分两大块面造像于200平方米的岩面上，造像下部沟底有瀑布。

造像内容大致可以分成3类，其一为佛教中的佛、菩萨、罗汉、天王等；其二为道教中的诸如三清、五岳、二十八宿等神灵诸神；其三为佛教道教与民间信仰混合，寓意吉祥的人物、动物和植物。造像利用岩石形状布局并作为骨架，在其上塑像后施以彩绘，整体上造型生动、形态各异、个性鲜明、惟妙惟肖。更为奇妙的是，其选址处，夏秋之际，日落时分，阳光透过西南山顶上的穿洞，普照在一众造像上，形成奇特的光影效果，可谓匠心独具。

结束正安龙塘沟摩崖造像调查后，调查组驱车前往遵义市红花岗区。

正安龙塘沟摩崖造像西壁（局部）

正安龙塘沟摩崖造像中壁（局部）

十一、2020 年 12 月 4 日

上午 9 点半，调查组抵达播州区新舟镇绿塘村青年组大山坡西坡脚凉风洞，在新蒲新区文体旅游局产业发展中心副主任熊鹰和中心的梁爽、新舟镇文化站站长杨秀东陪同下，调查尚未核定公布为文物保护单位的不可移动文物新舟凉风洞摩崖造像。

凉风洞

新舟凉风洞摩崖造像

新舟凉风洞摩崖造像所在，属上扬子台褶带侏罗系地层白云岩、石灰岩岩溶丘陵谷地的典型岭谷地貌。摩崖造像所在无建筑、窟檐遗迹和寺院遗址。旁有废弃采石场，东距新舟镇约 8 千米，山脚有通往绿塘村的乡间小路，洞周边为耕地、林地。

摩崖造像凿于高 0.95 米，宽 0.85 米洞口岩壁上，为高浮雕人像，只有胸部以上部分。造像面容端庄饱满，头戴冠帽，上半身着广袖袍，拱鼻大耳。无彩塑、壁画。造像两侧镌刻有题记类文字，内容因风化严重而模糊难辨。据当地村民相传，所记为开凿造像和镌刻摩崖石刻事。洞内南壁上横向阴刻小篆"延年益寿"4 字，镌刻于"民国戊辰夏"。拍照和测绘后，调查组驱车经习水县赶往赤水市。

下午 2 点在习水河畔的长期镇长期村调查市县级文物保护单位"长期村牌坊"。牌坊立于一座墓葬前，为四柱三门五楼砂石质。坊后墓葬，坐东向西，墓碑中部碑文和两侧寿藏序文，下部文字均因风化剥蚀严重而不存。

继而调查赤水与四川合江县凤鸣镇一河之隔的白云乡市县级文物保护单位"茶地坪牌

长期村牌坊

茶地坪牌坊

坊"。牌坊为四柱三门五楼砂石质。突出的第一印象是正楼、次楼和边楼均不用坐斗支承，代之以整石。

因文博副研究馆员、赤水市文物保护中心主任韦玮有会议，赤水市文物保护中心胡明陪同调查组，调查尚未核定公布为文物保护单位的不可移动文物赤水红布岩摩崖造像。

红布岩

赤水红布岩摩崖造像

下午5点左右，在大同镇大同社区与胡明会合后，赶往宝源。5点半左右，车辆停靠在宝源通两河口的宝两路旁，调查组下车后沿古道南向行不远抵达红布岩。

红布岩位于相邻赤水市十丈洞景区的宝源乡宝源村二组，因山体丹霞石壁远望似红布一块得名红布岩。造像在依崖搭建的一座穿斗式木结构悬山小青瓦顶建筑内。在离地4.2米高崖壁上，民国七年（1918），开凿有石龛，造像为观音菩萨坐像。据称原造像已毁，现为后人重新堆塑，造像高1.23米、宽0.63米。利用搁置在造像旁的木梯，对造像及建筑进行初步测量后返回赤水市。

十二、2020 年 12 月 5 日

调查组上午从赤水市驱车返回,在播州区鸭溪镇接到领队石斌后,赶赴金沙。临近金沙,雾渐浓。

下午,先行陪同毕节市文化遗产管理局局长郑远文、主任科员戴犁和金沙县文化遗产保护中心邹海波,检查清池镇的全国重点文物保护单位茶马古道—清池江西会馆和石场马鞍山村的省级文物保护单位赵家民居的安全工作。然后再调查同为市县级文物保护单位的金沙石场大宝洞壁画和金沙岩孔观音洞摩崖佛像。

金沙石场大宝飞云洞

金沙石场大宝洞壁画

金沙石场大宝洞壁画位于石场苗族彝族乡西南文兴社区大宝洞组大宝飞云洞。所在属晚期华夏系波伏褶皱及压轴性走向断层正安古拱折断束石灰岩溶地貌。

大宝飞云洞洞口地处山体半坡,洞口略向西北。清代时,曾利用该天然洞穴进行造像数尊,但因自然脱落及 20 世纪 70 年代人为破坏,造像损失殆尽。现仅存与造像主体相关的部分祥云纹饰的残迹数 10 处。祥云纹饰的色彩以红、黄、蓝、白等为主。据介绍,因这些祥云纹饰,该洞又称为"飞云洞"。

大宝飞云洞洞前岩壁上尚存 2 处壁题,保存一般。其中 1 方壁题距地面约 8 米,内容为横向阴刻楷书的"又一天"3 字,另 1 方为横向朱书壁题"三霄洞"3 字,均无款识。今"百子殿"旁,有"大宝飞云洞序"摩崖石刻 1 方,竖向楷书阴刻,共 500 余字。还有镌刻于 1935 年 5 月的"恩帅朱公讳昌兰人人扩修大宝洞纪念"摩崖石刻 1 方。

大宝飞云洞还因"石场区剿匪大宝洞战斗遗址"史实,2019 年 10 月被中共金沙县委、金沙县人民政府确定为"金沙县革命传统教育基地",立有"石场大宝洞剿匪战斗记"碑。

金沙岩孔观音洞摩崖佛像,在金沙县岩孔镇云岩社区。观音洞属晚期华夏系波伏褶皱及压轴性走向断层正安古拱折断束石灰岩溶地貌。

洞内存摩崖佛像 4 尊,均依洞壁自右而左排列,距地面约 3 米高。清晰者如释迦牟尼像和观音像。其中观音像面部彩绘,其着衣持钵,跣足盘坐于双层莲台之上,头戴冠帽,身着广袖袍,拱鼻大耳,发披于肩。其余造像均无彩绘,残损明显。造像周边石壁上有少量彩色图腾。洞内外崖壁上留存多处建造"观音庙"的遗迹,今日之庙也建于原有遗址上。

金沙岩孔观音洞

金沙岩孔观音洞摩崖佛像

十三、2020 年 12 月 6 日

上午，调查组离开金沙县，过贵阳后继续经惠水往长顺，正午抵达黔南布依族苗族自治州长顺县长寨街道威远社区长坡村魏家坡组，调查尚未核定公布为文物保护单位的不可移动文物长顺观音洞摩崖造像。

长顺观音洞

长顺观音洞摩崖造像（局部）

长顺观音洞所在为经地表水和地下水的强烈侵蚀溶蚀作用形成的喀斯特地貌，属峰丛洼地，黄壤—潮泥田土壤组合。处于三叠系地层东面，分布于长坡、付家院一带，岩性以薄层灰岩为主，夹有页岩。山体于西面村落间为坝子，通村公路从洞口经过。

洞口西南向。在长 37 米的山崖上，从东向西依次分布有 3 个天然洞穴，造像分布于洞穴洞口顶部崖面，在中间和西面两洞之间，离洞口平台 5 米以上洞顶部位，有造像 5 尊，仅 2 尊造像保存相对完整，横向分布，均脚踏祥云。其中 1 尊造像，整体利用岩石雕凿而成，头部相貌用泥塑，造型为和尚，左手所持，初步判断为羽毛扇，从塌鼻梁特征分析，似布袋和尚，具体有待进一步研究。另外 1 尊造像，整体依然利用岩石雕凿而成，从造型看，似天官。残损的 3 尊造像，1 尊残存部分整体为泥塑，施红、紫、蓝等矿物颜料，色彩艳丽，但仅存腿部以下部分。1 尊造像为和尚造型，残损严重。还有 1 尊造像仅存一翅膀。

十四、2020 年 12 月 10 日

天柱金凤山摩崖造像

贵州省文物保护研究中心副主任石斌，在天柱县文物局局长杨仁炯陪同下，调查天柱县新近发现的天柱金凤山摩崖造像遗存。

金凤山地处天柱北东向断裂构造的邦洞断裂段，地貌为强烈溶蚀地貌，岩石主要为石灰石。造像在黔东南苗族侗族自治州天柱县邦洞镇摆头村金凤山山腰处，总体坐北向南，共 4 尊。其中 3 尊造像离金凤山寺水平距离约 10 米，垂直距离约 50 米的悬崖上。造像并排而立，中间是金刚坐的菩萨像，右侧为游戏坐的佛像，左侧为侍立的弟子像。另 1 尊为祝融造像，开凿在距离百米外的洞穴中。祝融造像只有脖子以上部分，且从额头以上部分缺失，雕刻比较粗糙，只有轮廓。

十五、2021 年 1 月 14 日

娄清、洪涛和杨柱学组成的调查组，赶赴瓮安县，在瓮安县文化广电和旅游局副局长陈圆和瓮安县博物馆（文化遗产保护中心）负责人李恒的陪同下，调查市县级文物保护单位瓮安来子洞摩崖造像。

瓮安来子洞摩崖造像

坐落在黔南布依族苗族自治州瓮安县雍阳镇金龙社区的来子洞，处于震旦系上统陡山沱组，在垛丁往西至白岩背斜带，为磷块岩及含磷白云岩。

因"求子"习俗得名的来子洞，洞口坐西向东。1999 年从洞中出土淳熙、治平等宋代铜钱。造像仅 1 尊，位于洞口北侧，系利用洞口岩石开凿卧佛造像，开凿年代不详。造像屈腿侧卧，右臂屈臂直掌支撑头部。头部因风化残损严重，面部表情不清。造像残高 0.8 米，残长 1.2 米。

十六、2021 年 1 月 19 日

石窟寺专项调查组领队石斌和娄清、杨柱学组成的调查组，从黔东南苗族侗族自治州天柱县往黔南布依族苗族自治州惠水县，在大龙乡九龙村马门寨与从贵阳前往的唐秀成、洪涛会合，由惠水县文化遗产保护中心主任王煜和原主任龙小萍陪同，调查市县级文物保护单位惠水九龙山摩崖造像。

惠水九龙山摩崖造像

测绘造像

惠水九龙山摩崖造像所在区域地层为三叠系下统大冶组角砾状灰岩，其地质构造属杨子台地的黔贵台凹，在地质构造上为自西向东涟江向斜，为贵阳复向斜南延部分西翼段，呈北东—南西走向，其间褶皱紧密。地貌上位于苗岭山地南坡，北接黔中山源，南接黔南峡谷。岩溶地貌发育，在松散沉积物地区，以堆积地貌为主，碳酸盐岩分布广泛。

九龙山一带，元明期间一直是定番往来广顺要冲，但九龙山摩崖造像未见文献记载。据康熙和民国平刚校署《定番州志》记载，"九龙山，在城西四十五里。九峰罗列，至山约数里，中耸小峰，平里许，人素以为避兵之所。康熙二十一年，寺僧古源开辟建寺"，并"取名九龙山"，至此为定番十二景之一"九岚拥寺"。造像是否系古源开凿，尚待研究。

造像在临近峰顶处的峭壁上，坐北向南。仅布袋和尚造像1尊，通高2.1米，宽1.3米。形态夸张，笑容可掬，塌鼻梁是其明显标志。着广袖服，裤带系如意结，有穗。敞胸露怀，左手握布袋绳，右手高举羽毛扇。

至此，石窟寺和摩崖造像专项调查工作实地调查阶段任务最终完成。

参考文献

[1] 樊云龙, 潘保田, 胡振波, 等. 云贵高原北盘江流域构造地貌特征分析［J］. 地球科学进展, 2018, 33（7）: 751-761.

[2] 贵州省册亨县地方志编纂委员会. 册亨县志[M]. 贵阳: 贵州人民出版社, 2002.

[3] 贵州省赤水市地方志编纂委员会. 赤水市志（1986—2006）[M]. 北京: 方志出版社, 2012.

[4] 贵州省普安县地方志编纂委员会. 普安县志[M]. 贵阳: 贵州人民出版社, 1999.

[5] 贵州省施秉县地方志编纂委员会. 施秉县志[M]. 北京: 方志出版社, 1997.

[6] 贵州省石阡县地方志编纂委员会. 石阡县志[M]. 贵阳: 贵州人民出版社, 1992.

[7] 贵州省遵义县志编纂委员会. 遵义县志[M]. 贵阳: 贵州人民出版社, 1992.

[8] 黄家服. 中国地方志集成贵州府县志辑 27[M]. 成都: 巴蜀书社, 2016.

[9] 黄进. 赤水丹霞地貌[M]. 北京: 科学出版社, 2015.

[10] 金沙县地方志编纂委员会. 金沙县志（1993—2013）（上册）[M]. 北京: 方志出版社, 2016.

[11] 普安县史志办公室. 普安年鉴[M]. 昆明: 云南人民出版社, 2014.

[12] 天柱县志编纂委员会. 天柱县志[M]. 贵阳: 贵州人民出版社, 1993.

[13] 兴义市史志编纂委员会. 兴义市志（1978—2006）（上册）[M]. 贵阳: 贵州人民出版社, 2008.

[14] 兴义市史志编纂委员会. 兴义市志（1978—2006）（下册）[M]. 贵阳: 贵州人民出版社, 2008.

[15] 长顺县地方志编纂委员会. 长顺县志[M]. 贵阳: 贵州人民出版社, 1998.

[16] 正安县流渡镇志编纂委员会. 正安县流渡镇志[M]. 北京: 中国文化出版社, 2017.

[17] 中国小康网. 贵州遵义市新蒲新区地理环境[EB/OL].（2019-08-26）. http://xianyu.chinaxiaokang.com/xianyuzhanshi/guizhouzunyishixinpuxinqu/puxinquyilan/2019/0826/786728.html.

后记

贵州省石窟寺和摩崖造像保护工作比较滞后，文博系统包括贵州省博物馆、贵州省文物考古研究所和贵州省文物保护研究中心均缺乏从事石窟寺和摩崖造像保护研究领域的专业技术人员，此次专项调查工作是在边调查、边学习的过程中完成的，通过专项调查工作，队员们得以充实石窟寺和摩崖造像的相关知识，为下一步做好保护和展示工作奠定了基础。

本书体例和内容根据"贵州省石窟寺（含摩崖造像）专项调查工作报告"进行适当调整，后由娄清统稿，陈会校勘，中心副主任石斌审核，编委会和中心主任董欣审定。关于贵州现存石窟寺和摩崖造像相关部分的撰写，由娄清根据唐秀成完成的兴义菩萨洞岩溶造像、普安观音洞摩崖造像、晴隆盘江桥石刻群、贞丰花江摩崖石刻群、册亨观音岩摩崖造像，洪涛完成的正安龙塘沟摩崖造像、凤冈太极洞摩崖造像、习水望仙台石窟[袁锦道墓（祠）]、新舟凉风洞摩崖造像、石阡华峰寺摩崖造像、施秉华严洞摩崖造像、瓮安来子洞摩崖造像、长顺观音洞摩崖造像、惠水九龙山摩崖造像，石斌完成的天柱山金凤山摩崖造像，陈会完成的赤水石鹅咀摩崖造像、赤水红布岩摩崖造像、赤水陛诏观音岩摩崖造像、赤水葫市摩崖造像、赤水金沙摩崖造像、赤水三会水石窟寺、赤水半壁寺摩崖造像、赤水茶土坪观音堂摩崖造像、金沙岩孔观音洞摩崖佛像、金沙石场大宝洞壁画等专项调查报告，进行整理和修改。摄影由石斌、洪涛、唐秀成、刘多山完成，绘图由石斌、唐秀成、邓义镔完成。